创新驱动下浙江省中小企业的转型升级研究

U0687952

吴鹏跃　唐雪莲　著

中国原子能出版社
China Atomic Energy Press

图书在版编目（CIP）数据

创新驱动下浙江省中小企业的转型升级研究 / 吴鹏
跃, 唐雪莲著 . -- 北京 : 中国原子能出版社 , 2022.12

ISBN 978-7-5221-2407-0

Ⅰ . ①创… Ⅱ . ①吴… ②唐… Ⅲ . ①中小企业 — 企
业升级 — 研究 — 浙江 Ⅳ . ① F279.243

中国版本图书馆 CIP 数据核字 (2022) 第 229355 号

创新驱动下浙江省中小企业的转型升级研究

出版发行	中国原子能出版社（北京市海淀区阜成路 43 号 100048）
责任编辑	潘玉玲
责任印制	赵　明
印　　刷	北京天恒嘉业印刷有限公司
经　　销	全国新华书店
开　　本	787mm×1092mm　1/16
印　　张	10
字　　数	201 千字
版　　次	2022 年 12 月第 1 版　　2022 年 12 月第 1 次印刷
书　　号	ISBN 978-7-5221-2407-0　　定　价　76.00 元

前　言

　　转型升级是高质量发展的重要途径之一，主要是指企业利用已有的技术资源在产品、市场及管理上的跃迁。虽然已经有丰硕的研究成果，如转型升级的路径、影响因素及政策扶持等大量涌现，但仍有部分问题需要解决。本书基于浙江中小企业转型升级的现状调查，通过大量问卷结合数理统计研究转型升级的引致因素、推拉途径及效果。全书分为三部分：第一部分以转型升级、创新驱动的要求内涵作为理论基础，剖析转型升级的本质与内涵，突出创新驱动的转型升级特征；第二部分通过近3年的数据调查，分析了浙江中小企业在转型升级上的特征以及政策扶持的相关效果，并借鉴社会网络分析法分析中小企业集群中转型升级的扩散过程，从微观视角揭示不同类型的企业在转型升级过程中的策略选择，仿真了政策激励的动态效果；第三部分以浙江传统制造业和新兴产业的转型升级为内容，选取6个典型案例分析以创新驱动为动力的转型升级模型，通过个体企业的成功挖掘成功经验。本书在研究过程中将定量分析与定性分析结合，不仅利用企业微观数据，更深入企业内部探究转型升级的过程，从宏观上给予政策参考、微观上给予企业借鉴。

　　本书旨在将浙江中小企业转型升级的现状、方式及政策效果进行系统梳理，给广大在转型升级中的企业和相关政府建议，研究方法综合，结论具有较好的实践参考价值。本书的部分内容（第二章）为宁波市工业经济发展研究所采纳，得到政府相关部门的肯定。

目　录

第一章　绪论

1.1　创新驱动的内涵

自约瑟夫·熊彼特在《经济发展理论》中以动态视角提出"创新"一词，创新就成为经济与管理领域持续关注的热点。熊彼特认为创新是生产函数的变动，是对现有资源的重新组合，具体包括五种情况：新产品或产品新特性、新生产方式、新市场、新供应来源、新组织方式。然而对于创新驱动的过程和机理，熊彼特并没有详细阐述。美国学者迈克尔·波特，在其《国家竞争优势》中提出"创新驱动"一词，他认为创新驱动是对应于要素驱动、投资驱动和财富驱动提出的，四者是经济发展的构成过程。由约瑟夫·熊彼特和迈克尔·波特提出的创新和创新驱动概念构成当前研究的主要理论基础。

我国自改革开放以来，对创新驱动的关注持续加大。许多学者一方面从创新驱动的内部过程进行剖析，揭示创新驱动的企业动态演化；另一方面从创新驱动的外部影响进行实证分析，探索各种环境要素对创新驱动的影响效果。主要研究成果如下。

刘志彪认为，创新驱动是指推动经济增长的动力和引擎从主要依靠技术的学习和模仿转向主要依靠自主设计、研发和发明以及知识的生产和创造。洪银兴认为，创新驱动不是不需要要素和投资，而是与其他阶段相比较，要素和投资由创新来带动，使得创新成为推动经济增长的主动力。张银银、邓玲认为，创新驱动是一个系统工程，可以分为三个阶段。第一个阶段即前端驱动，是以知识的创造和积累为主，抢占未来科技发展的制高点；第二个阶段即中端驱动，主要以科技成果转化为主；第三个阶段即后端驱动，主要以面向市场为主。这三个阶段同步性逐渐增强，且各要素相互影响，并形成复杂多样的创新生态系统。

陈勇星、屠文娟等把创新驱动划分为广义和狭义两种类型。广义的创新驱动是从资源投入创新活动，再到驱动活动，最后实现可持续发展的全过程。狭义的创新驱动即为创新和驱动两个子过程，先有创新后有驱动，创新是驱动的前提条件，驱动是创新的必然结果。

《国家创新驱动发展战略纲要》则指明，创新驱动就是使创新成为经济发展的第一动力，包括科技、制度、管理、商业模式、业态和文化等多方面创新的结合，推动经济发展方式转向依靠知识、技术与劳动力素质提升，使经济形态更高级、分工更精细、结构更合理。

洪银兴认为，创新驱动发展就是利用知识、技术、制度、商业模式等创新要素对有形资源进行重组，提升创新能力以实现内生性增长，其中科技创新是创新驱动的本质。张来武认为，创新驱动是以知识、信息等为主要投入要素，依靠企业家的市场选择，打造先发优势而增强综合国力和全面提高民生福祉。刘刚认为，创新驱动是强调先发优势和创新政策以实现经济的可持续发展，以新知识的创造及其商业化为导向的创新型创业是创新驱动经济发展的具体表现。

创新驱动不仅要求经济体自身发展模式的转变，还要求环境要素充分体现创新驱动的要求。关于产业政策对创新驱动影响的研究成果大量涌现。

杨轶通过以技术为核心的传统产业政策的局限性研究，提出以创新驱动型产业政策代替传统产业政策的必要性，阐述了创新驱动型产业政策的理论基础、基本特征，以及制定创新驱动型产业政策应把握的若干问题。蒋玉涛、招富刚从创新型区域的定义出发，构建了创新驱动过程模型，并以此为基础，提出了创新型区域构成要素和创建型区域评价指标体系。李柏洲、朱晓霞运用协整方法，对区域创新系统创新驱动力进行了实证分析，发现无论从长期还是短期来看，政府的直接干预对创新绩效有正的显著影响，产学研的联系强度对创新的促进作用不显著，而中小企业在区域创新系统中的研发投入弹性在短期内不显著，但从长期看弹性最大。此外，朱晓霞还运用系统动力学的方法发现，无论是从创新资金的来源还是从政府对各创新主体的支持效果上，中小企业的投入对区域创新系统的产出绩效影响最大，并提出相应的政策建议。

综上所述，创新驱动是一种发展动力方式，是充分利用知识、技术等创新要素的集合。我国经济发展正处于高速发展向高质量发展的转型期，需要充分挖掘创新驱动的内涵机制，探明创新驱动的因素、进入创新驱动的路径、构建创新驱动的政策环境。因此，本书关注创新驱动的焦点是能够对企业和经济转型升级起促进作用的因素，包括内生动力因素和外部环境因素、以及这些因素通过创新驱动促进转型升级的动态过程及效果。

1.2　转型升级的机理

转型升级是创新驱动结果的表征之一，纵观近年来的研究发现，主要包括转型和升级两个层面。前者表示组织或系统运行模式的转变，后者表示组织或系统在原有模式上的改进提升。在我国的相关研究中，转型升级往往作为一个专用词汇出现，而在国外的相关研究中，转型和升级则表示两种内容。

从转型上看，Adams 将"转型"定义为创造出一个与先前不相关联的系统，从而使运行流程或逻辑发生彻底改变。Levy 和 Merry 认为转型是一种组织变革，是为了保证企业的生存而采取变化措施，包括组织结构、使命和文化等一系列的改变。吴家曦等认为，转型主要有两个方面：一是企业在不同行业或不同领域的转变；二是组织管理层面的转型。王吉发等认为，转型是指企业为提升行业竞争力而进行的组织变革。张雪松认为，企业转型应该是对外部环境发生变化而进行的战略性转变，从而创造出适应这个环境的经营观念、商业模式和组织架构，最终获得飞跃式的改变。

从升级上看，Poon 认为升级是企业从低端向高端的演进过程。毛蕴诗等认为，企业升级应是包括新产品、新服务、新品牌和新市场的升级过程；符正平等认为企业升级包括工艺、产品、功能及产业链 4 种升级。

从转型升级上看，金碚认为，转型升级是一个涉及技术、体制、观念等各个方面深刻系统性变革的过程，而创新能力是关键。毛蕴诗、张伟涛、魏姝羽认为，转型升级是企业为提高持续竞争能力以及产品、服务的附加价值，寻找新的经营方向而不断变革的过程，是转型升级的微观层面和最终落脚点。

企业转型升级模式可分为价值链和产业网络两种。价值链模式是基于迈克尔·波特提出的一种寻求企业价值活动与市场竞争优势之间的联系的理论方法，其主要通过分解企业的各项业务活动，单独考虑活动本身价值，从而分析企业的市场竞争优势，分为生态发展型、创意植入型、渐进攀升型三种典型模式。产业网络模式是利用网络研究产业间或产业内部各种关系的一种新的方法。从纵向看，它表现为产业的链式结构；从横向看，它表现为不同行动者之间的竞争与合作，产业网络的演变过程与产业的形成和发展密不可分。产业网络模式的转型升级可分为产业分工"倒逼"型、区域品牌联动型、功能分离型、产业链延伸型四种典型模式。

因此，转型升级与创新驱动具有特定的内在关联，转型升级无论从价值链视角还是产业网络视角，创新要素的获取是必要条件。创新驱动的本质是促进企业经济体从价值链低端向高端攀升，其作用机理和影响因素与转型升级具有高度的一致性。本书将创新驱动内涵与转型升级相结合，研究创新驱动视角下转型升级的影响因素及模式。

1.3　中小企业的困境

我国对中小企业的研究始于 2008 年金融危机，此后持续受到国家密切关注。2011年国家出台中小企业划型标准，将中小企业分为中型企业、小型企业和微型企业三类，逐步制定更加精准的帮扶策略。中小企业发展的困境主要集中于融资困难和资金管理等方面，表现为中小企业与银行难以进行融资贷款合作。这不仅要求银行业亟须改善融资服务，也要求中小企业改善自身信誉及担保问题。

贾丽虹、迟宪良等认为，中小企业融资困难的根本原因在于其资产规模狭小、经营风险巨大，缺乏融资所需的知识和信息，成长期望较小。这需要政府介入金融支持，并建立服务性中介机构。梁永贤、邢乐成认为，中小企业融资难是一个世界性问题，在我国融资难的根本原因是制度性问题，即中小企业的自身特点和融资特点与现行的以商业银行为主导的融资体系严重不匹配。在现行金融体系内的改革无法解决这个难题，必须进行体制创新，要建立完善的、多层次的中小企业融资体系。严欣杰认为，缓解中小企业融资困境需要结合政府政策进行改革，首先要加强中小企业自身建设，全面提升企业的自身实力和信用度；其次要构建中小企业信用体系；最后要深化金融体系改革。

此外，对中小企业自身管理经营的研究也较为丰富，多集中于产业结构、核心技术以及人才队伍建设方面，包括中小企业从外销到内销、从代工到自主品牌、从低端到高端、从制造到服务和整合产业链资源、从粗放经营到精细管理等如何实现转型升级，以及如何摆脱低成本和低价格竞争的模式。

因此，破解中小企业发展困境的根本途径是转型升级。这不仅能改善中小企业自身运营模式，还能较好促进中小企业的成长。本书基于此选取中小企业作为研究对象，探究创新驱动下的转型升级模式及影响因素，结合地方政府的扶持政策，分析其对转型升级的促进效果，并通过典型企业的案例研究，给广大中小企业以借鉴和参考，也给地方政府促进中小企业健康发展提供对策建议。

第二章　浙江中小企业的转型升级现状

中小企业作为浙江省经济发展的名片，是省域经济的重要支柱。随着经济转型，浙江省中小企业在产品、市场、品牌等方面开展了多样化的转型升级。本书将通过对浙江中小企业转型升级的现状调查，摸清中小企业转型升级的不同模式，发现其薄弱环节。结合地方政府出台的扶持政策进行企业享受和落实情况分析，初步探明浙江中小企业转型升级的现状和政府在促进转型升级上的政策实施效果。

根据第四次浙江省经济普查数据显示，截至 2018 年年末浙江有 133.37 万个分布在各个行业的中小企业。其中第一产业有 916 个，仅占 0.01%；第二、第三产业有 133.27 万个，占浙江省中小企业的 99.9%。中小企业的从业人数达到 1 349 万人，占浙江省总就业人口的 36.3%。资产总计和营业收入分别达到了 250 042 万元、109 091 万元。浙江省中小企业在增加劳动力就业岗位、增加财政收入等方面作用显著。

2.1　转型升级的调查方案设计

2.1.1 样本容量确定

根据浙江省统计局数据，截至 2018 年浙江省规模以下中小企业达到 77.34 万家。由于调查对象的数目非常庞大，由样本总数对抽样量的影响可以忽略不计，即因为抽样对象的数量众多，可以忽略由于重复抽样所带来的误差。本书采用以下公式计算出中小企业合理的样本数目。

取置信为 95% 时，相对应的分布标准 Z 值为 1.96，最大允许绝对误差 ΔP 为 4.5%，出现的概率 P 值设置为 0.5，使得 $p(1-p)$ 的值达到最大时对初始样本量 n_1 进行计算：

$$n_1 = \frac{z^2 \times p(1-p)}{\Delta^2 p} = \frac{1.92^2 \times 0.5 \times (1-0.5)}{0.045^2} = 474$$

对总体大小进行调整，得到样本量 n_2：

$$n_2 = n_1 \times \frac{N}{N + n_1} = 474 \times \frac{901700}{901700 + 474} \rightarrow 474$$

根据分层抽样设计效果 B 为 0.9，再次进行调整，得到样本量 n_3：

$$n_3 = Bn_2 = 0.9 \times 474 = 426.6 \rightarrow 427$$

根据预估无回答率 r 为 15%，再次进行调整，确定最终样本量 n。

$$n = \frac{n_3}{r} = \frac{427}{1 - 0.15} = 502$$

根据公式计算得出，本次浙江省中小企业的抽样数应达到 502 份。由于部分企业数据缺失，回答问题不完整，实际有效问卷 378 份，有效回收率为 75%。

2.1.2 抽样设计

调查涉及浙江省的 11 个市，采用多阶段分层随机抽样法进行抽取，按中小企业在各地级市的分布情况分配样本数。

1. 抽样单元划分

本次抽样调查采用多阶段分层随机抽样法，如表 2-1 所示。

表 2-1　分层抽样

层	抽样单元定义
第一层	从浙江省选取杭州、温州、宁波、嘉兴、台州、绍兴、湖州、丽水、金华、衢州、舟山 11 个市
第二层	从各地市随机抽取市（县）区
第三层	从各市（县）区随机抽取乡镇、街道、工业园区
第四层	从各乡镇、街道、工业园区随机抽取行业类型
第五层	从各行业随机抽取企业

2. 各区域样本量确定

总样本容量为 502，各区域的样本量按比例分配原则，其分配公式为：

$$n_h = p_n \times n$$

其中 n_h 为各市样本容量，n 为总样本容量，p_n 为各地级市规下工业企业数占全省规下工业企业总数的比重。

根据浙江省中小企业分布情况采用多阶段分层随机抽样方法确定各市的样本数，具体分配见表 2-2。

表2-2 各市样本分配表

地级市	规下工业企业数量 / 万	比例 /%	分配样本数 / 份
杭州市	17.11	18.97	95
宁波市	15.97	17.71	89
温州市	13.61	15.09	76
金华市	11.12	12.32	62
台州市	9.85	10.92%	55
绍兴市	7.36	8%	41
嘉兴市	6.81	7%	38
湖州市	3.61	4%	20
丽水市	1.80	2.00%	10
衢州市	1.73	1.90%	10
舟山市	1.20	1.30%	6
合计	90.17	10%	502

3. 各市抽取不同行业类型的中小企业

为节省成本和人力,从每个市随机选取行业类型及企业数,抽样结果如表2-3 ~ 表2-13 所示。

表2-3 杭州市样本分配表

行业类型	抽取的企业数
纸制品制造业	8
电子设备制造业	8
电器机械和器材制造业	8
塑料制品业	8
医疗器械制造业	8
机械制造业	8
加工制造、零售 / 批发	8
食品制造业	8
汽车制造业	8
工艺品制造业	8
服装纺织业	8
金属制品业	7
合计	95

表 2-4 宁波市样本分配表

行业类型	抽取的企业数
纸制品制造业	8
电子设备制造业	8
电器器材制造业	8
塑料制品业	8
医疗器械制造业	8
机械制造业	7
加工制造、零售 / 批发	7
食品制造业	7
汽车制造业	7
工艺品制造业	7
服装纺织业	7
金属制品业	7
合计	89

表 2-5 温州市样本分配表

行业类型	抽取的企业数
纸制品制造业	7
电子设备制造业	7
电器器材制造业	7
塑料制品业	7
医疗器械制造业	6
机械制造业	6
加工制造、零售 / 批发	6
食品制造业	6
汽车制造业	6
工艺品制造业	6
服装纺织业	6
金属制品业	6
合计	76

表2-6　金华市样本分配表

行业类型	抽取的企业数
纸制品制造业	
电子设备制造业	6
电器器材制造业	5
塑料制品业	5
医疗器械制造业	5
机械制造业	5
加工制造、零售/批发	5
食品制造业	5
汽车制造业	5
工艺品制造业	5
服装纺织业	5
金属制品业	5
合计	62

表2-7　台州市样本分配表

行业类型	抽取的企业数
纸制品制造业	
电子设备制造业	5
电器机器材制造业	5
塑料制品业	5
医疗器械制造业	5
机械制造业	5
加工制造、零售/批发	5
食品制造业	4
汽车制造业	4
工艺品制造业	4
服装纺织业	4
金属制品业	4
合计	55

表 2-8 绍兴市样本分配表

行业类型	抽取的企业数
纸制品制造业	4
电子设备制造业	4
电器机械和器材制造业	4
塑料制品业	4
医疗器械制造业	4
机械制造业	4
食品制造业	4
服装纺织业	4
工艺品制造业	3
汽车制造业	3
金属制品业	3
合计	41

表 2-9 嘉兴市样本分配表

行业类型	抽取的企业数
纸制品制造业	3
电子设备制造业	3
电器机械和器材制造业	3
塑料制品业	3
医疗器械制造业	3
机械制造业	4
加工制造、零售/批发	3
食品制造业	3
汽车制造业	3
工艺品制造业	3
服装纺织业	4
金属制品业	3
合计	38

表 2-10 湖州市样本分配表

行业类型	抽取的企业数
纸制品制造业	2
电子设备制造业	2
电器机械和器材制造业	2
塑料制品业	2
机械制造业	2
食品制造业	2
汽车制造业	2
工艺品制造业	2
服装纺织业	2
金属制品业	2
合计	20

表 2-11 丽水市样本分配表

行业类型	抽取的企业数
纸制品制造业	1
电子设备制造业	1
电器机械和器材制造业	1
塑料制品业	1
医疗器械制造业	1
机械制造业	1
食品制造业	1
汽车制造业	1
服装纺织业	1
金属制品业	1
合计	10

表 2-12　衢州市样本分配表

行业类型	抽取的企业数
纸制品制造业	1
电子设备制造业	1
电器机械和器材制造业	1
塑料制品业	1
医疗器械制造业	1
机械制造业	1
食品制造业	1
汽车制造业	1
服装纺织业	1
金属制品业	1
合计	10

表 2-13　舟山市样本分配表

行业类型	抽取的企业数
电子设备制造业	1
塑料制品业	1
机械制造业	1
汽车制造业	1
服装纺织业	1
金属制品业	1
合计	6

2.2　中小企业转型升级的现状

2.2.1 企业基本情况

本次调查中，杭州市、宁波市、温州市为调查企业数量前三位，占调查企业总数的51.8%。如图 2-1 所示，可以看出调查企业区域分布符合浙江省企业区域分布现状。

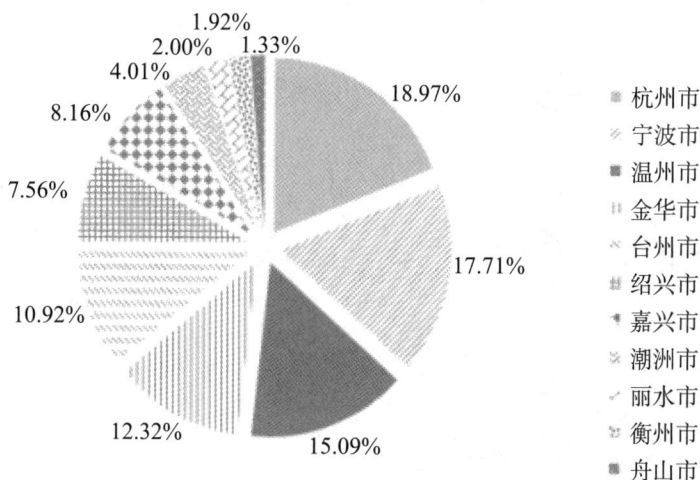

图 2-1 浙江中小企业分布情况图

1. 企业的规模情况

从本次调查企业的从业人数来看，企业从业人员在 300 人以下的占到了调查企业总数的 93.12%。因此本次调查的结果，符合中小企业的基本特征。如图 2-2 所示。

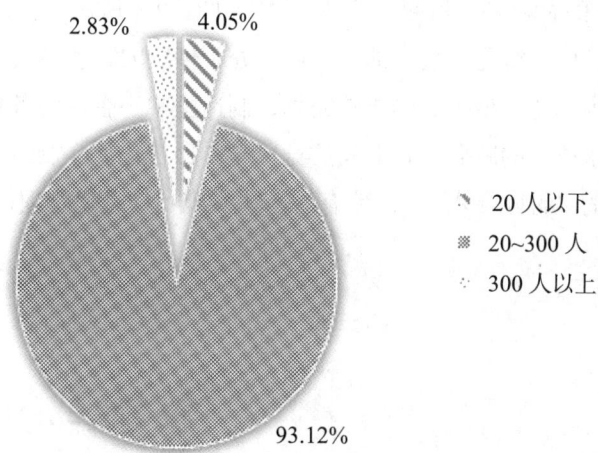

图 2-2 企业从业人员情况

从营业收入来看，营业收入在 40 000 万元以下的占到了调查企业总数的 99.27%，如图 2-3 所示。因为选取的是"8718"通过平台政府培育库里的企业，部分已超过 2 000 万元的标准线，但由于发展的不稳定性，这些企业仍处于制造型中小企业范畴。

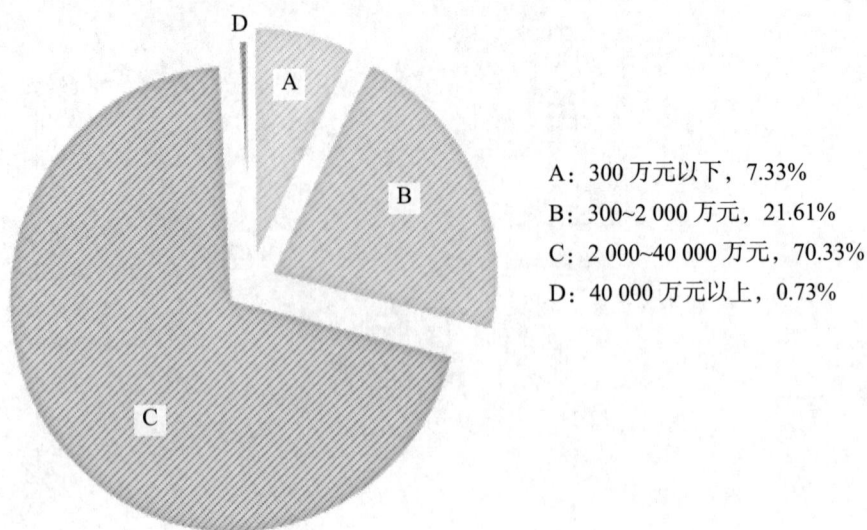

A：300 万元以下，7.33%

B：300~2 000 万元，21.61%

C：2 000~40 000 万元，70.33%

D：40 000 万元以上，0.73%

图 2-3　企业营业收入情况

2. 信息化管理水平情况

从本次调查企业的信息化管理水平来看，绝大多数企业都利用了财务管理、进销存管理，分别为 69.28%、44.64%，也有部分企业使用 ERP 等进行企业的信息化管理，但是还有 12.17% 的企业基本以手工管理为主，如图 2-4 所示。由此说明，制造型中小企业的信息化管理应用情况一般，部分企业仍处于传统的管理模式。

可能是因为相比大型企业的成熟完善，制造型中小企业的各种资源有限，经营成本偏高，随着需求拉力的减弱，企业间的竞争日趋白热化。而制造型中小企业作为中国经济生态系统中的"弱势群体"，即使有的企业实施了信息化管理，结果也只是流于表面。

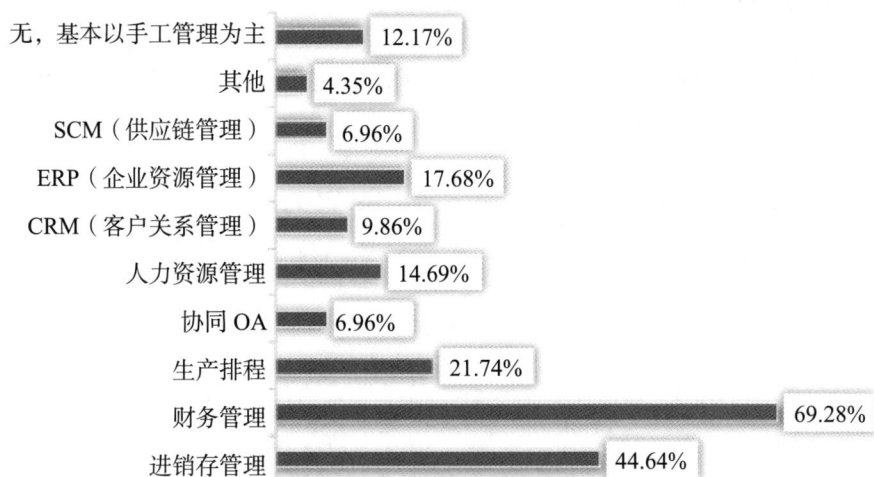

图 2-4　企业信息化管理情况

3. 专利拥有情况

专利及自主品拥有量是衡量企业技术能力的指标之一，与企业技术能力水平成正比。调研结果如图 2-5 所示，在调查的 378 家制造型中小企业中，有近 98.7% 家企业自主拥有的专利数不超过 50，更没有专门的研发机构和人员，企业投入的科研支出也极少。说明他们的企业品牌意识不强，企业创新不足，可能是由于经营规模、产品性能及资金投入等多方面的原因。制造型中小企业无法建立起自己的研究机构进行专利研发。

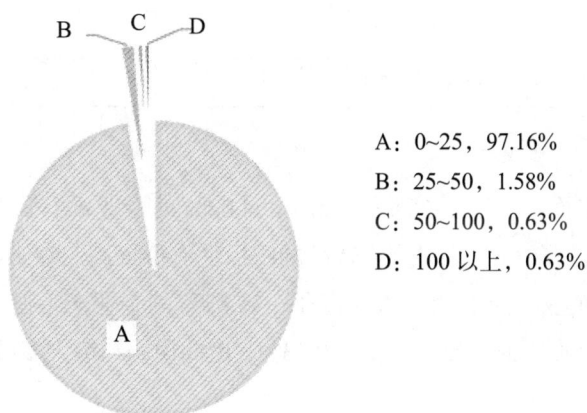

A：0~25，97.16%

B：25~50，1.58%

C：50~100，0.63%

D：100 以上，0.63%

图 2-5　企业专利拥有情况

2.2.2 中小企业转型升级现状

为摸清中小企业转型升级的现状，从产品升级、市场开拓、产业转型、内部管理四个方面来展开调查。具体如表 2-14 所示。

表 2-14 转型升级测算

产品升级情况	开发新产品（1 分）
	提高产品技术含量（1 分）
	提高产品附加值（1 分）
	打造品牌（1 分）
市场开拓情况	开拓新国内市场（1 分）
	开拓新国际市场（1 分）
	电商（1 分）
	低端转向高端市场（1 分）
	开拓国有投资项目、政府市场（1 分）
产业转型情况	主业不变进入新行业（1 分）
	脱离原行业进入新行业（1 分）
	向上游或下游产业延伸（1 分）
内部管理情况	规范管理制度（1 分）
	运用信息化软件（1 分）
	加强员工培训（1 分）
	进行标准认证（1 分）
	无（0 分）

1. 业务单一，产业链较短

在产业转型方面，如图 2-6 所示，高达 64.02% 的企业没有进行产业的转型升级，说明产业转型情况一般，企业对产业转型的积极性有待提高。在进行产业转型升级的企业中，26.46% 的企业主业不变进入新行业；15.87% 的企业向上游或下游产业延伸；脱离原行业进入新行业的企业最少，仅占 0.53%。由此说明，绝大多数企业停留于原行业。

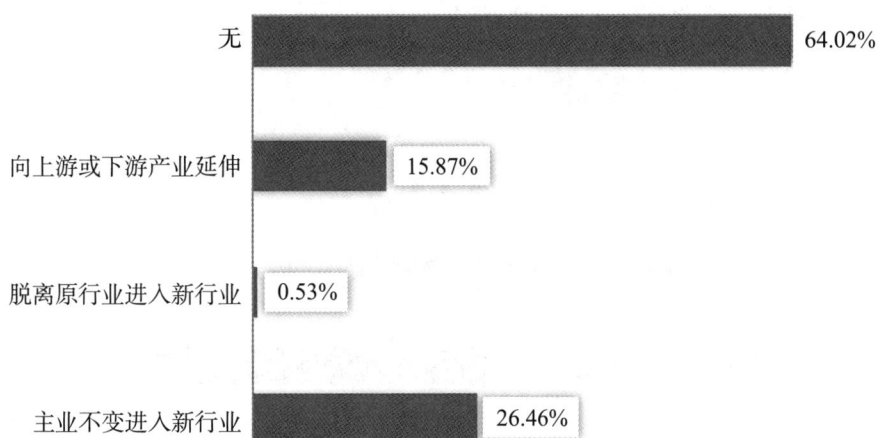

无　64.02%

向上游或下游产业延伸　15.87%

脱离原行业进入新行业　0.53%

主业不变进入新行业　26.46%

图 2-6　产业转型情况

2. 以国内市场为主，新兴市场拓展不足

在新市场的开拓方面，如图 2-7 所示，有部分企业进行了新的市场开拓，绝大多数选择开拓国内市场和国外市场，且选择开拓国内市场的较国外的多，但差距很大。此外，制造型中小企业在开拓新市场方面更多，占了 60.05%，主要是这些企业总体实力不强，大多不具备进军国际市场的能力，说明制造型中小企业对市场开拓方面的想法还停留于传统的局势，基本以国内为主，新兴市场的拓展不足。所以改变当前市场领域是迫切需要的。

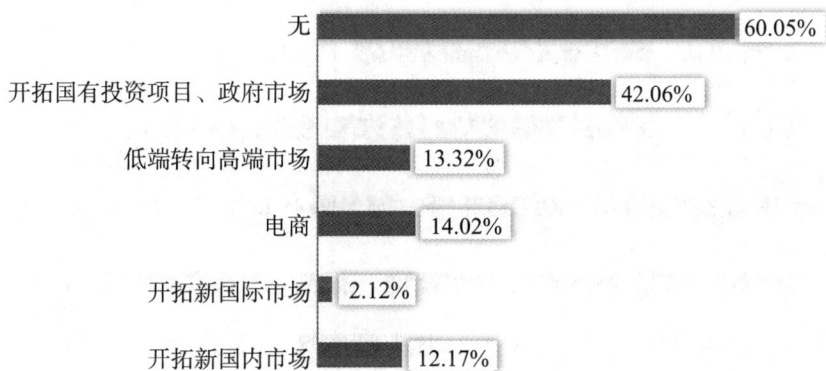

无　60.05%

开拓国有投资项目、政府市场　42.06%

低端转向高端市场　13.32%

电商　14.02%

开拓新国际市场　2.12%

开拓新国内市场　12.17%

图 2-7　市场开拓情况

3. 注重产品研发，缺乏品牌意识

在产品升级方面，从开发新产品、提高产品技术含量、提高产品附加值、打造产品品牌四个方面进行了调查，如图 2-8 所示，仅 10.05% 的企业没有选择产品升级，其余约 90% 的企业都选择了产品升级，说明企业已经深刻认识到产品的升级换代对市场份额的扩大、知名度的提升，对品牌形象的重要性。但是从中也发现绝大多数的企业在新产品的开发和提高产品技术含量这两方面较注重，但是注重品牌打造的企业却只有26.98%，说明部分企业还是缺乏品牌意识。

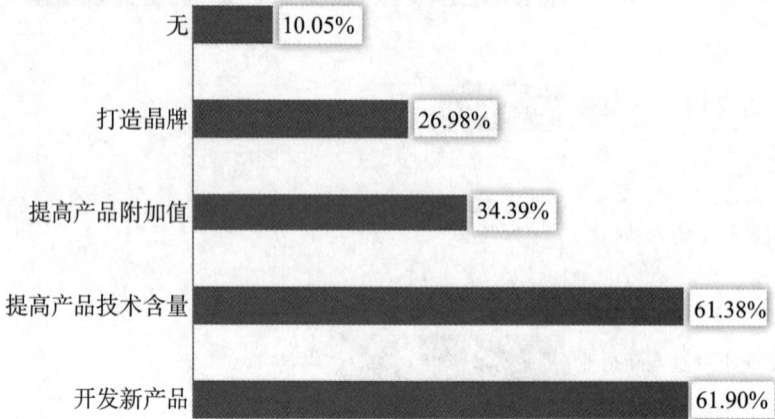

無 10.05%
打造晶牌 26.98%
提高产品附加值 34.39%
提高产品技术含量 61.38%
开发新产品 61.90%

图 2-8　产品升级情况

4. 注重内部管理，但现代化不够

在内部管理升级方面，如图 2-9 所示，仅近 4% 的制造型中小企业没有进行任务内部管理的规范化。主要以规范管理制度和加强员工培训为主，运用现代信息化来管理的企业为数不多，说明制造型中小企业虽然注重内部管理，但是在利用现代管理工具的手段上依然存在不足。

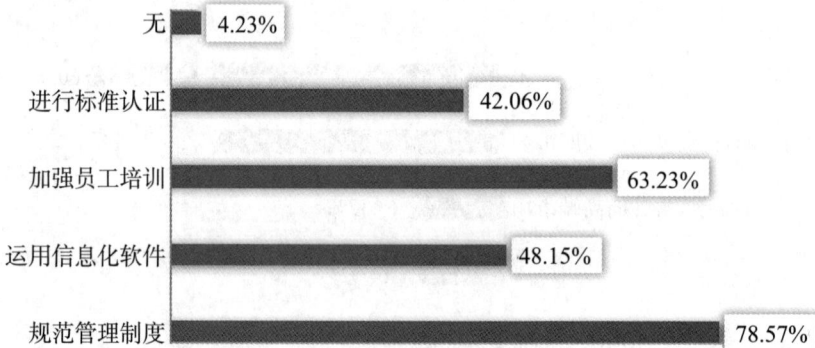

无 4.23%
进行标准认证 42.06%
加强员工培训 63.23%
运用信息化软件 48.15%
规范管理制度 78.57%

图 2-9　内部管理情况

2.2.3 生产要素对企业发展的贡献

在抽样调查前，先从统计局的中小企业基本情况库里获取全面基础资料，既对企业基本情况有了初步全面的了解，又能避免抽样调查出现大的偏差。然后通过走访企业，建立中小企业发展评价指标体系，综合全面评价中小企业发展状况，评价主要内容包括制造型中小企业自身发展数据及市场影响数据，包括企业创新能力、企业规模、劳动力、管理和对外贸易。

在此基础上，引入柯布—道格拉斯生产函数 $Y=A(t)K^aL^bT^cM^dN^e\mu$，其中 Y 代表中小企业工业总产值；$A(t)$ 代表当年技术水平，为一固定值；k 代表资本投入（固定资产）；L 代表劳动力投入（普通员工数）；T 代表科技投入（研发支出）；M 代表管理投入（管理者教育程度）；N 代表对外贸易（出口交货值）。对方程两边取对数后，

$$\ln Y=\ln A(t)+a\ln K+b\ln L+c\ln T+d\ln M+e\ln N$$

通过以上 5 项 a、b、c、d、e 指标反映中小企业的资本、劳动力、技术及管理、外贸经济对企业发展的贡献情况，由此来揭示中小企业发展的拉动力。运用 EViews6.0 分析结果如表 2-15 所示。

表 2-15 EVIEWS 分析结果

变量	系数	标准差	T 统计量	概率
常数	3.467573	0.804480	4.310327	0.0004
资本投入的 a	0.364620	0.080430	4.533385	0.0002
劳动力投入的 b	0.318333	0.161313	1.973386	0.0632
管理水平的 d	−0.187088	0.201735	−0.927396	0.3654
对外贸易的 e	0.037361	0.042481	0.879477	0.3901
科技投入的 c	0.054787	0.042499	1.289140	0.2128
拟合度	0.845723	残差		1.835832
调整拟合度	0.805124	似然值		−2.831238
回归方程	0.310842	F 统计量		20.83104

根据 EViews 的分析结果，得到如下回归方程：

$\ln Y=3.468+0.365\ln K+0.318\ln L+0.055\ln T-0.187\ln M+0.037\ln N$

1. 经济意义检验

根据估计可得：模型 $a=0.365$，$b=0.318$，$c=0.055$，$d=-0.187$，$e=0.037$，$a+b+c+d+e$ 小于 1，表示目前的生产状态是递减报酬型，按现有技术用扩大生产规模来增加产出是得不偿失的。

弹性系数 a 表示资本弹性，$a=0.365$，说明在当前技术条件下，其他条件不变，当生产资本增加 1% 时，产出平均增长 36.5%，其他弹性系数也以此类推。管理水平的弹性系数 M 为负值，说明中小企业的管理者没有对企业效益产生较好的领导力，贡献率不高，甚至为负。中小企业的发展主要靠资本投入和增加劳动力，以劳动密集型为主。

2. 统计意义的检验

（1）拟合优度的检验

修正的样本拟合系数为 80.5%，表明工业总产值对数值的 80.5% 的变化可以由资本投入对数值、研发支出对数值、普通员工数对数值、领导人学历对数值、出口交货值对数值的变化来解释，解释程度较高，拟合度较好。

（2）F 检验

在 5% 显著性水平上，F 统计量对应的 P 值为 0，明显小于 0.05，通过 F 检验，说明模型整体显著成立，资本投入、研发支出、普通员工数、领导人学历、出口交货值对 Y 的影响是相当显著的。

（3）T 检验

在 5% 显著性水平上，T 统计量对应的 P 值为 $P=0.0002 < 0.05$，表示资本投入对工业总产值有显著影响，$P(b)=0.0632 > 0.05$，$P(c)=0.2128 > 0.05$，$P(d)=0.3654 > 0.05$，$P(e)=0.3901 > 0.05$，表示研发支出、普通员工数、领导人学历、出口交货值对工业总产值影响不显著。由于模型的整体检验显著性较好，所以可能存在多重共线性，需要进一步检验并修正。

3. 计量经济意义的检验

（1）多重共线性的检验

表 2-16　多重共线性检验结果

	LNY	*LNK*	*LNL*	*LNM*	*LNN*	*LNT*
LNY	1.000000					
LNK	0.877232	1.000000				
LNL	0.696963	0.608405	1.000000			
LNM	−0.203810	−0.204202	0.198358	1.000000	1	
LNN	0.415219	0.293352	0.438966	−0.109551	1.000000	
LNT	0.545705	0.491808	0.307214	−0.203387	0.142972	1.000000

从表 2-16 中可以看出，变量间的相关系数很大，*LNL* 与 *LNK* 之间简单相关系数在 60% 以上，*LNN* 与 *LNL*、*LNT* 与 *LNK* 之间简单相关系数在 40% 以上，这表明解释变量之间存在多重共线性，这也是 T 检验未通过而 F 检验通过的原因。

以残差的绝对值的倒数为权重，采用加权最小二乘法，得到的结果见表 2-17。

表 2-17　最小二乘法结果

变量	系数	标准差	T 统计量	概率
常数	3.483639	0.182296	19.10983	0.0000
资本投入的对数	0.362057	0.051424	7.040621	0.0000
劳动力投入的对数	0.299892	0.068506	4.377627	0.0003
管理水平的对数	−0.183745	0.037817	−4.858821	0.0001
对外贸易的对数	0.040389	0.009058	4.459210	0.0003
科技投入的对数	0.066055	0.010407	6.347104	0.0000
拟合度	0.995628	似然值		62.25518
调整拟合度	0.994477	F 统计量		865.3375

由表 2-17 可以看出，整个方程的拟合度很好。虽然模型的拟合度很高，但并没有消除解释变量间的高度相关性。由于中小企业起步晚、财务数据不完整、数据的有限性，

无法增加样本容量，采用增量或增长率代替也无法消除相关性。柯布—道格拉斯生产函数的解释变量间本身相关程度较高，一般采取 $\alpha+\beta$ 等于 1 约束条件来估计模型，但通过上述的估计可以看出，中小企业的生产规模弹性远小于 1。

（2）自相关的检验

根据 DW 检验，在显著性水平为 5% 的情况下，$4-d_1 < DW < 4-di_j$，无法确定是否存在自相关。

再根据 LM 检验（见表 2-18~ 表 2-20）：由伴随概率知，模型不存在自相关。

表 2-18　自相关检验结果

| F-statistic | 0.841037 | Prob.F（1，18） | 0.3712 |
| Obs*R-squared | 1.115965 | Prob.Chi-Square（1） | 0.2908 |

表 2-19　自相关检验结果

| Obs*R-squared | 0.000000 | Prob.Chi-Square（2） | 1.0000 |

表 2-20　自相关检验结果

| F-statistic | 0.557926 | Prob.F（3，16） | 0.6504 |
| Obs*R-squared | 2.367601 | Prob.Chi-Square（3） | 0.4997 |

（3）异方差的检验

表 2-21　自相关检验结果

F-statistic	3.600108	Prob.F（20，4）	0.1111
Obs*R-squared	23.68425	Prob.Chi-Square（20）	0.2565
Scaled explained SS	10.36344	Prob.Chi-Square（20）	0.9611

根据怀特检验（见表 2-21），模型 $P=0.2565$ 大于 0.05，模型不存在异方差。

（4）回归分析

运用整理的数据，利用 EViews 软件进行修正估计：

$$\ln Y = 3.484 + 0.362\ln K + 0.300\ln L + 0.066\ln T - 0.184\ln M + 0.040\ln N$$

根据估计可得：模型 $a=0.365$，$b=0.318$，$c=0.055$，$d=-0.187$，$e=0.317$，$a+b+c+d+e$ 小于 1，表示目前的生产状态是报酬递减型，即在现有技术条件下通过扩大生产规模无法增加产出。

表 2-22　生产要素弹性系数

资本贡献	劳动力贡献	对外贸易贡献	创新贡献	管理贡献
0.362	0.300	0.040	0.066	−0.184

以上数据说明固定资产投资、劳动力与对外贸易、创新存在正相关关系，弹性系数分别为 0.362、0.300、0.040、0.066，说明制造型中小企业主要依赖于劳动力与资本的投入，而出口贸易、科技创新相对较少。制造型中小企业发展主要靠资本投入和增加劳动力，

以劳动密集型为主导。管理水平 M 的弹性系数为负值，说明制造型中小企业领导人没有对企业收入造成很好的领导能力，贡献率不高，甚至为负。

2.2.4 中小企业发展情况分析

通过 a 固定资产、b 普通员工数、c 研发支出、d 管理人教育程度、e 出口交货值五项指标反映制造型中小企业对资本、劳动力、技术及管理、对外经济对企业发展的贡献情况，结果显示 $a+b+c+d+e$ 小于 1，得出目前中小企业的发展现状是规模报酬递减型，其主要原因是由于厂商生产规模过大，使得生产的各个方面难以得到有效的协调，从而降低了生产效率。它可以表现为厂商内部合理分工的破坏、生产有效运行的障碍、获取生产决策所需的各种信息的不易等。

当前中小企业大多在进行创业者与创二代间的交替更新，创二代学历较前者有了较高的提升，但缺乏行业经验及较强的领导能力，对企业管理经营不如上一代，商业经验不足，管理方面局限于课本知识，实践操作能力不强。创一代虽学历较低，但经过数十年的奋斗，经验丰富、领导能力强，而创二代更多是继承了创一代的财富，对经验的"继承"明显不足，企业领导人管理才能迫切需要提高。

总体而言，中小企业的发展主要还是依靠资本投入与增加劳动力，属于传统的生产模式，而对管理、创新、对外贸易的依赖程度较低。中小企业现阶段的经济增长，必须继续增加资本投入和增加劳动力，同时也应意识到管理、创新等生产要素对企业今后长远发展的重要意义，需要加快转变生产要素，转变经济发展方式，提高经济发展质量和效益。

2.3　中小企业转型升级的困难

通过上述对中小企业的转型升级的基本情况调查，发现中小企业在发展中的创新拉动力不足，故进一步调查中小企业在转型升级中遇到的困难，结果如图 2-10 所示。

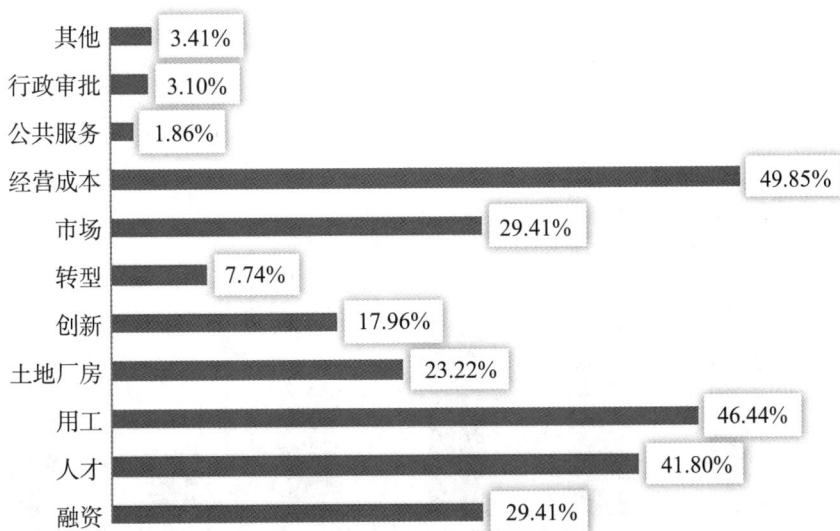

图 2-10 中小企业转型升级主要困难

从图 2-10 中可以看出，小企业转型升级面临的困难主要体现在经营成本、用工、人才、融资和市场方面，需要继续深入分析。

2.3.1 经营成本高

经营成本高是中小企业转型升级过程中最主要的困难之一，越来越影响中小企业的经营发展。调查中将经营成本分解为应付职工薪酬、财务成本、营业成本三个方面进行分析。

1. 工资增长速度过快

调查结果显示，75.66% 的企业累计应付职工薪酬的增长率均为正，表示应付职工薪酬均有所上涨，其中上涨 0~25% 的最多，25%~50% 次之，而从业人员如此严峻的职工应付薪酬上涨趋势，给使利本来就不多的中小企业加剧了危机。如图 2-11 所示。

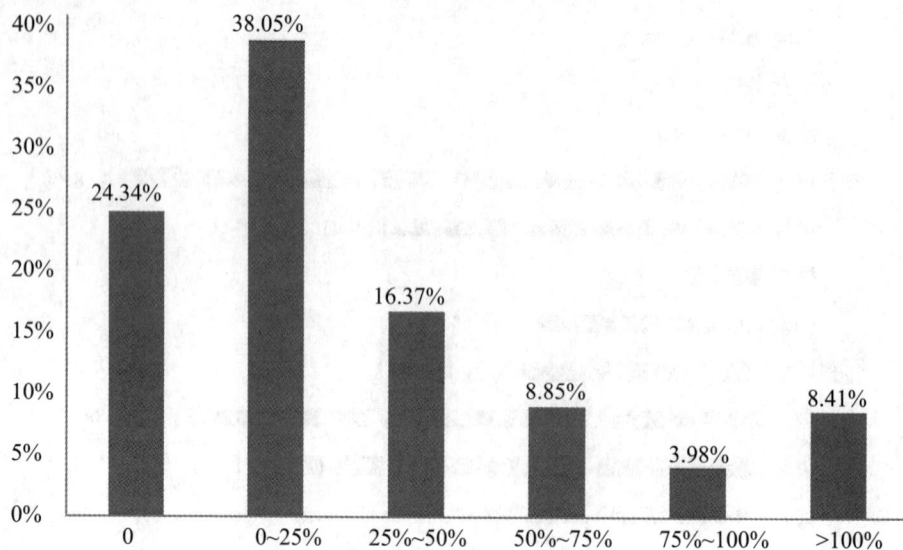

图 2-11 累计应付职工薪酬同比增长率

从应付职工薪酬占营业收入的比例（见图 2-12）来看，占比 0%~10% 的企业最多，表明应付职工薪酬对中小企业而言压力较大，负担较重。

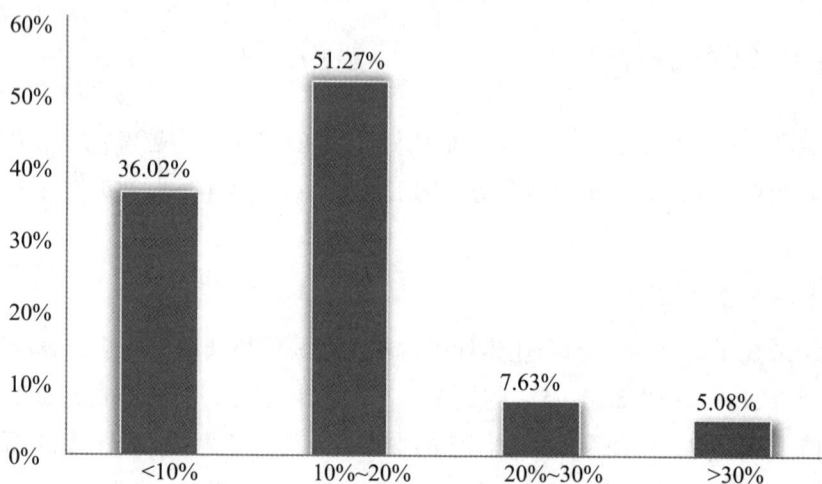

图 2-12 应付职工薪酬占比情况

2. 财务成本两极化

从本年的累计财务费用与去年同月累计财务费用的条形图（见图 2-13）来看，财务费用为 0~50 万元的企业有所减少，表明财务费用为小于 0、50 万 ~ 100 万元、100 万 ~ 150 万元、150 万元以上的企业有所增加，这正说明了整体的财务费用呈上升趋势。企业的财务费用主要集中在 0 ~ 50 万元。

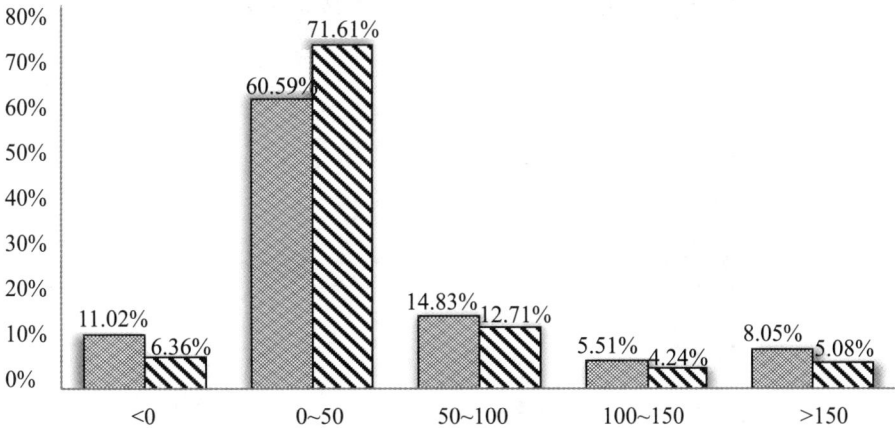

图 2-13 财务费用分布图

财务费用小于 0 的企业（财务费用小于 0 表示企业的利息收入大于利息支出和银行业务手续费）数量较去年有所增加，说明中小企业再投资意愿不高，更愿意存银行，从资本市场获取收益,财务费用为负的这类企业,较为突出的问题是"资产回报率"低于"银行利率"，而企业又暂时找不到适合的项目，企业只好将大量资金存银行或拆借给他人。由此可见，公司财务费用为负的背后实际上是资产回报率低、资产结构不合理。

从财务费用增长情况（见图 2-14）来看，财务费用负增长的企业较多，说明财务费用减少的企业比较多，尤其是负增长 25% 以下的企业最多，表示企业财务费用减少的幅度较大，但是财务费用增加率 100% 及以上的企业也较多，表示财务费用增加的企业的增加幅度也较高，说明两极分化严重。从总体上来看，大部分企业财务费用呈现了增长率为正的趋势，表明大多数企业财务费用有所上升。

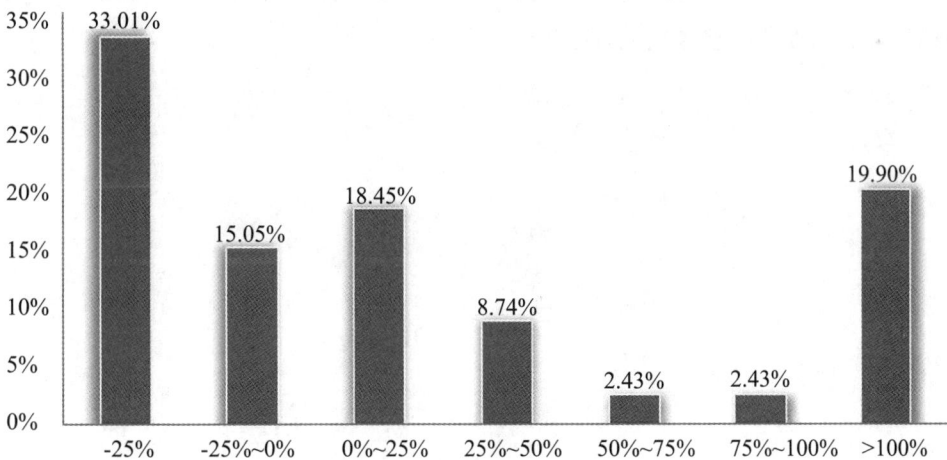

图 2-14 财务费用增长情况

从财务费用占营业收入的比例（见图 2-15）来看，负增长企业较多，说明企业资金

大多存于银行，且没有新贷款的获得，说明企业贷款少、贷款难；其次财务费用在 3%
及以上的企业也较多，说明获得贷款的企业财务负担较重（毛利在 5% ～ 10%），说明
两极分化严重。

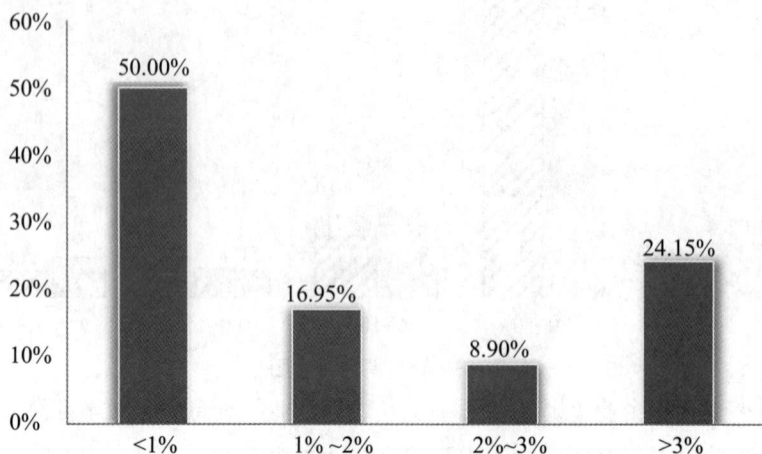

图 2-15　财务费用占营业收入比例

从财务费用的分布、增速来看，财务费用额度大、增长快，这正是之前所说的融资
难度大、融资成本高、借款利率高所造成的；或者企业产品供大于销，造成产品积压，
销路不畅。财务费用的发展现状进一步增加了企业的负担，制约了制造型中小企业的
发展。

3. 营业成本居高不下

从本年累计营业成本与去年同月累计营业成本分布情况（见图 2-16）来看，2016
年的营业成本仍集中在 1 000 万 ～ 2 000 万元，但是企业数量较 2015 年同月明显下降，
营业成本在 2 000 万 ～ 3 000 万元、3 000 万 ～ 4 000 万元、大于 4 000 万元的企业数量
均有所增加，营业成本整体呈上升趋势。

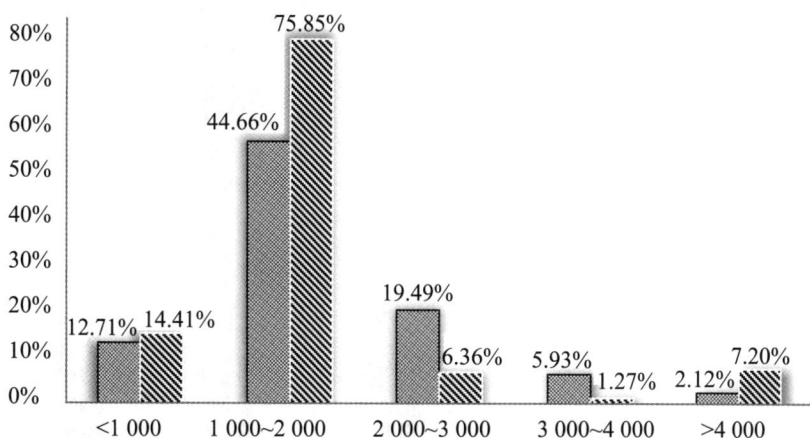

图 2-16　营业成本分布图

从营业成本的增长情况（见图 2-17）来看，增长率为 0% ~ 25% 的企业最多，25% ~ 0% 的次之，但是大部分企业的增长率为正，说明营业成本整体上呈现上升趋势。

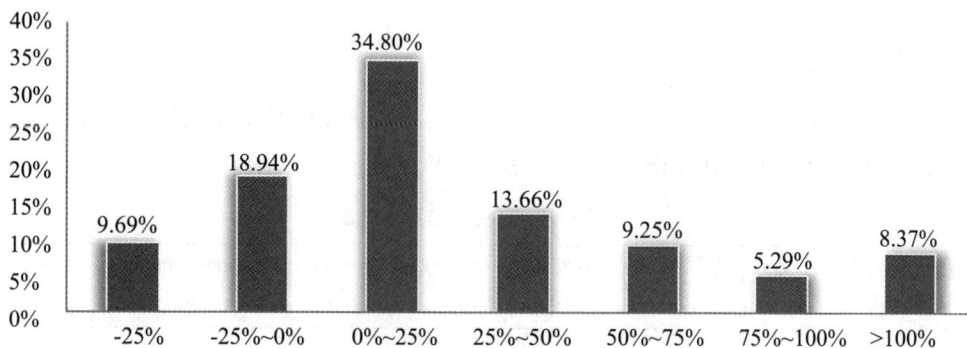

图 2-17　营业成本增长情况

从营业成本占营业收入的比重（见图 2-18）来看，占比 80% ~ 90% 的企业最多，其次是 70% ~ 80% 与 90%，表示企业营业成本严重过高，这也从另一方面反映了企业毛利润少，说明企业的销售数量少，或者企业产品的单位毛利润少。

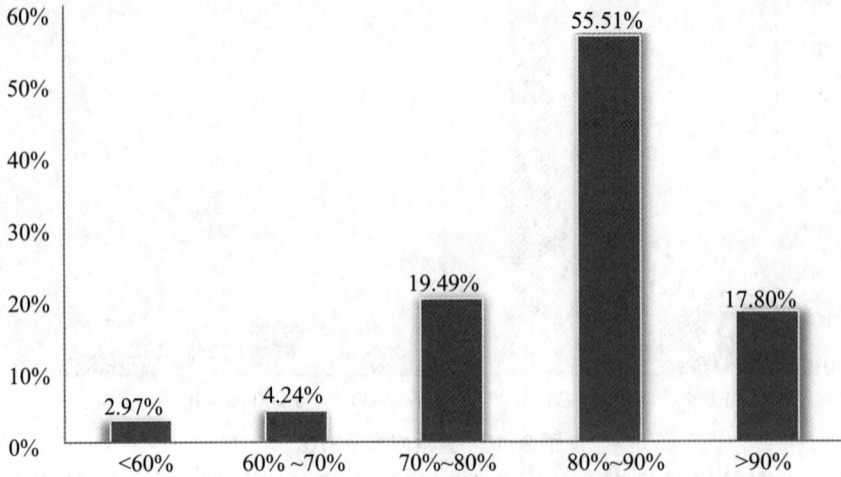

图 2-18 营业成本占比情况

2.3.2 融资难、资金紧张

1. 资金还是缺

四分之三被调查的企业有资金缺口，其中近 4 成企业的贷款满足率低于 70%，缺口较大，企业资金紧张的状况尚未好转，见表 2-23。

表 2-23 企业贷款满足情况

贷款满足率	60% 以下	60%~70%	70%~80%	80%~90%	90%~100%	无须贷款
企业数	68	41	56	59	59	95

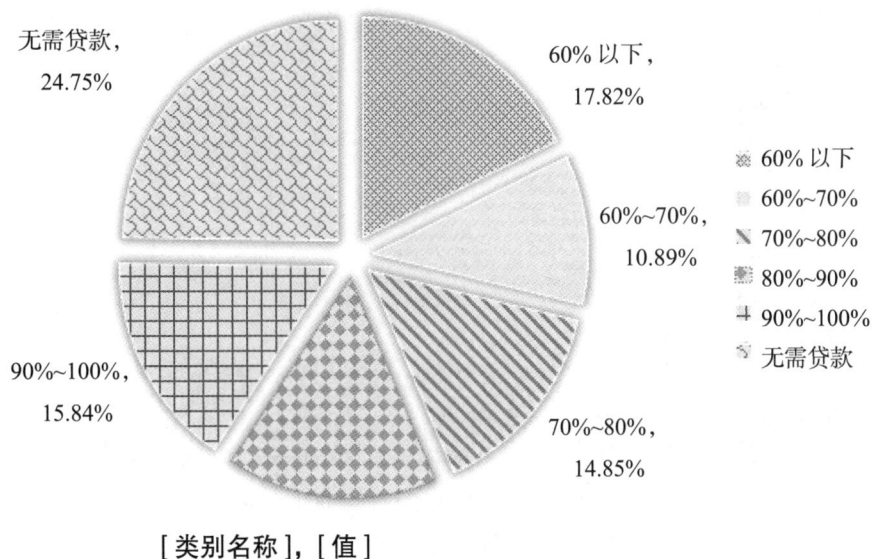

无需贷款，24.75%

60% 以下，17.82%

60%~70%，10.89%

70%~80%，14.85%

90%~100%，15.84%

- 60% 以下
- 60%~70%
- 70%~80%
- 80%~90%
- 90%~100%
- 无需贷款

[类别名称]，[值]

图 2-19　中小企业贷款满足率

2. 贷款仍然难

在被调查的 378 家企业中有贷款活动的企业有 283 家，达 74.9%，银行贷款依然是大部分企业解决资金不足的主要途径。从较大范围存在资金缺口的情况看，贷款仍然难。有 276 家企业填写了贷款难原因，其中 65.8% 的企业反映难获贷款的主要原因是"缺抵押"和"无担保"，分别占 46.2% 和 19.6%，见表 2-24。

表 2-24　贷款难原因构成表

原　因	企业数	占比
可抵押资产不足	128	46.2%
担保方没有落实	55	19.6%
资产负债率高	10	3.9%
销售开票额少	11	4.0%
销售渠道或销售量不稳定	9	3.6%
经营运作时间短	7	2.6%
其他	56	20.2%

3. 税负重

从本年累计应缴税费与去年同月累计应缴税费分布情况（见图 2-20）来看，2016 年的应缴税费集中在 1 000 万元以下，但是企业数量较去年同月明显下降，应缴税费在 1 000 万～2 000 万元、2 000 万～3 000 万元、3 000 万～4 000 万元、大于 4 000 万元的企业数量均有所增加，应缴税费整体呈上升趋势。

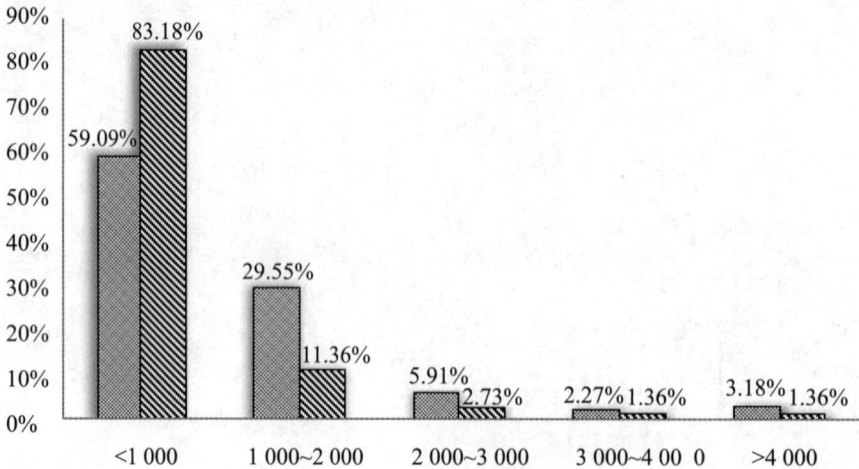

图 2-20　应缴税费情况

　　从应缴税费增长情况（见图 2-21）来看，应缴税费负增长的企业较多，说明应缴税费减少的企业比较多，尤其是负增长 25% 以下的企业最多，表示企业应缴税费减少的幅度较大，但是应缴税费增加率 100% 及以上的企业也较多，表示应缴税费增加的企业的增加幅度也较高，说明两极分化严重。从总体上看，大部分企业应缴税费呈现了增长率为正的趋势，这表明大多数企业应缴税费有所上升。

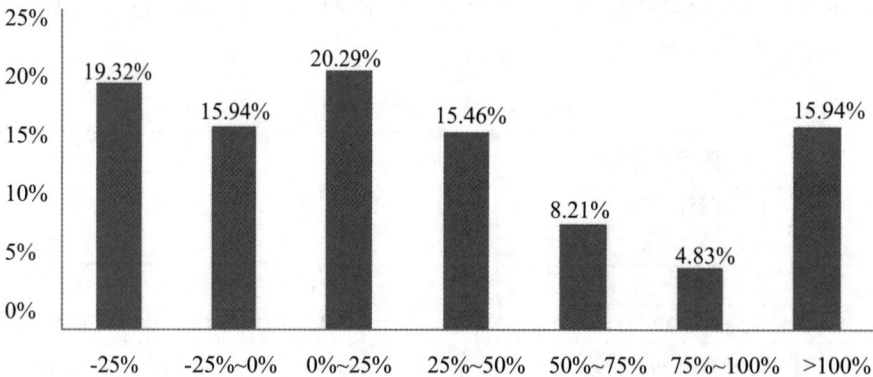

图 2-21　应缴税费增长情况

　　税负重的问题在中小企业中体现得较为明显，直接推高了企业经营成本。当前中小企业所涉及税费的种类较多，部分税种设置不合理，影响了企业的净利润，仍需加大减税降费力度。

2.3.3 人才用工难

1. 用工成本高是用工难的主要因素

在中小企业转型升级主要困难是"用工难"的企业当中，高达 88.5% 的企业认为影响用工难的主要因素为"用工成本提升太快"，其次才是"住房难""招工渠道少"和"子女就学难"，分别为 34.8%、22.1% 和 21.9%。表明当前如何帮助企业降低用工成本或者帮助企业更好地接受和消化快速增长的用工成本，是解决用工难的努力方向。具体如图 2-22 所示。

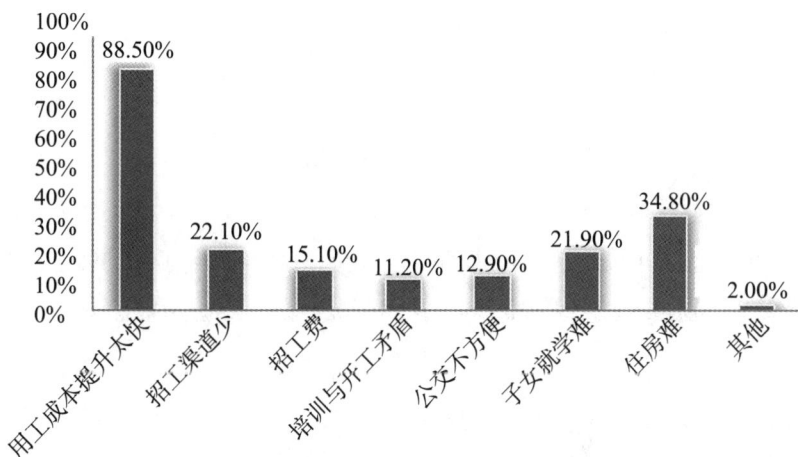

图 2-22　用工难的主要影响因素

2. 房价和生产成本高是人才难的主要因素

在认为中小企业转型升级主要困难是"人才难"的企业当中，其中影响因素排在前三位的分别是"房价和生活成本高""人才背景模糊，磨合风险大""人才提升和交流氛围较为落后"，分别占到 65.5%、31.3%、30.3%。统计结果表明，人才难的因素除了生产成本高等环境因素外，在人才引进的软环境建设方面政府应该仍有很多可以作为，如建立实名制人才库和通过培训营造交流氛围等。具体情况如图 2-23 所示。

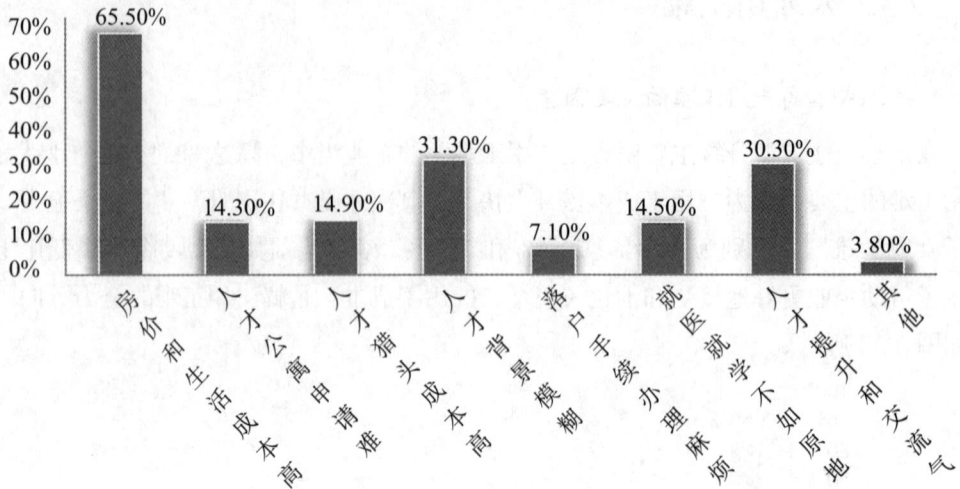

图 2-23　主要影响因素

3. 研发人才和技工企业最短缺

短缺人才或用工统计结果显示，研发人才最为短缺，占到了 40.3%；其次是市场开发人员和技工，分别占 33.3% 和 32.7%。具体情况如图 2-24 所示。

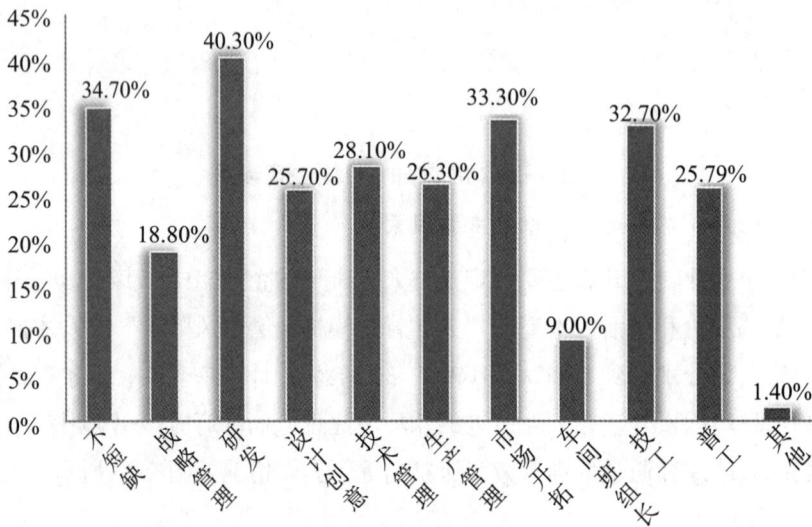

图 2-24　短缺人才或用工类型

2.3.4 市场转型难

对于转型比较难的主要因素，其中认为"市场转型难"最多占了 48.3%，接近一半，其次是"转型有盲点，缺少专业咨询服务"有 40.4%，具体见图 2-25。说明企业对于转型升级顾虑最多的是市场拓展，同时也希望能有专业的机构进行咨询辅导。

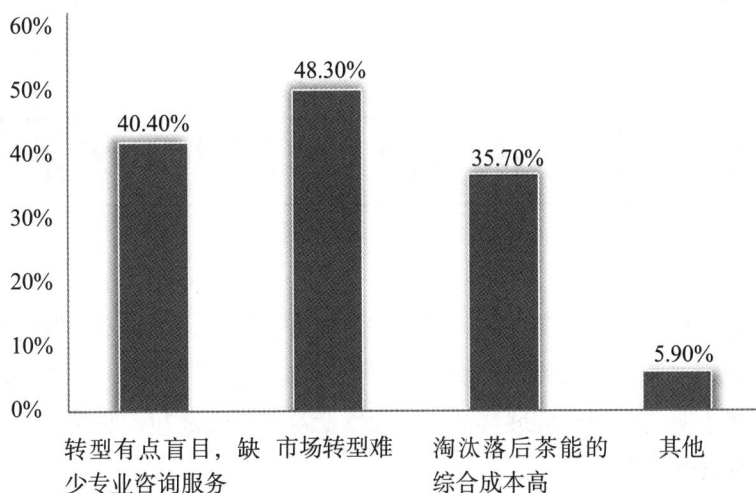

图 2-25　转型难的主要影响因素

2.3.5 创新难

在认为企业创新难的影响因素中，选择"技术人才缺少"的占了 59.2%，其次是"技术创新风险较大"为 47.4%，另外，由于当前企业最缺少的是研发人才，因此可以理解为当前企业在创新方面已经处于劣势，出台引进和培养技术研发人才的机制和政策将是解决企业创新难，提升企业竞争力的一个重要突破口。关于创新难的具体情况如图 2-26 所示。

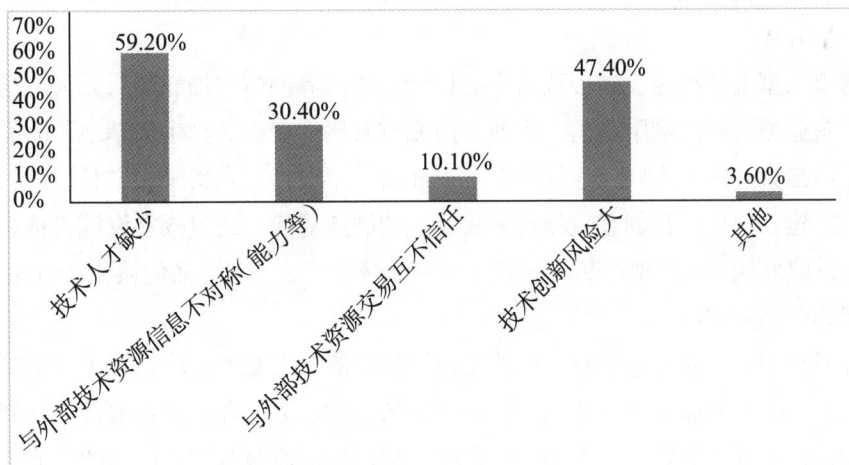

图 2-26　创新难的主要影响因素

第三章 中小企业转型升级的模式

中小企业涉及行业众多，与区域经济特征密切相关，在转型升级的模式上具有多样性。本书在第二章调查过程中，发现浙江省宁海、海宁、永康、宁波等市（县）企业的在转型升级上具有鲜明的区域特征。因此本章将从价值链和产业网络两个方面剖析典型区域企业的转型升级。

3.1 基于价值链的转型升级

基于价值链模式的转型升级可分为生态发展型、创意植入型、渐进攀升型三种典型模式。生态发展型是地方政府充分发挥政策引导作用，主动设计转型升级路径，引导企业采用清洁生产技术以提高资源利用率，降低企业生产要素成本，促进中小企业转型升级。例如绍兴充分利用其纺织业发展的外向度较高、外部市场环境变化对纺织企业发展影响较大的特点，通过实施印染集聚升级工程采取集中布局，把印染相关的企业集聚当地滨海工业区，构建循环链，积极推进产业节能降耗减排，从而实现基于生态发展的纺织企业转型升级。

创意植入型是中小企业在传统的产品设计、生产等环节中加载创意元素，通过融入创意提升企业原有产品的附加值。例如宁海充分发挥"中国文具生产基地"的品牌优势和潘天寿国画大师的名人效应连续举办了多届潘天寿设计艺术奖全国文具设计大赛，以赛促产，搭建一个平台让创意设计与文具企业的制造对接。通过成立设计机构、引进设计人才提升研发能力，实现产品从贴牌生产到品牌生产，实现产品优质化、创意化发展，提升了文具产品附加值。

渐进攀升型是企业通过培育、调整价值链攀升的核心要素，增强自主创新能力，增强新产品开发能力和品牌创建能力，提高企业核心竞争力，促进由价值链低端制造环节向高端设计、服务环节跃升。例如宁波在扩大与保持宁波服装生产制造的产业优势的同时，积极培育企业参与国际服装价值链的整合，利用良好的制造基础全面提升产品质量，打造知名服装品牌，从原来的贴牌生产向设计加工和自主品牌生产方向升级，逐步完成由产品升级向功能升级的转变，实现从价值链的低端向高端攀升。

3.2　基于产业网络的转型升级

基于产业网络模式的转型升级可分为产业分工"倒逼"型、区域品牌联动型、功能分离型、产业链延伸型四种典型模式。

产业分工"倒逼"型，一些中小企业主动嵌入以当地龙头企业为主导的产业网络去，在龙头企业的引导和帮助下提升自身的技术和产品质量。例如海宁利用市场化的倒逼机制，加快中小企业自主转型升级，使它们在市场竞争中"优胜劣汰"。一方面帮助规模较大的企业，使"强者更强"，引领本行业其他企业的发展；另一方面扶持规模不大但具有良好发展潜能的企业，将它们集中管理，便于人才、资源、市场信息的共享，形成规模效应；兼并、舍弃或外移没有能力转型升级的小企业，提高整个产业的层次和水平。

区域品牌联动型是指大批县域中小企业受自身资源能力条件的限制，自创品牌较为困难，地方政府通过打造区域品牌引导县域中小企业努力提高产品质量，提升产品形象，以获得更高的产品附加值。例如海宁大力推广"海宁皮革"区域品牌，通过制定标准并把标准作为区域名牌准入门槛，在产业内形成激励和约束机制，建立健全质量诚信制度，确保区域名牌有质的保证，提升自主品牌的竞争力，提升"海宁皮革"的内在价值，使"海宁皮革"成为海宁市一张金名片，极大提高了海宁皮革产业的整体形象和影响力，帮助海宁皮革中小企业实现新的跨越。

功能分离型是指企业为突破原材料、土地、劳动力生产要素瓶颈，满足自身产业扩张的需要，梯度转移生产基地，实行总部与生产基地分离。例如永康在原材料成本上涨15%~30%、人工成本上涨20%、工业用地严重匮乏、融资成本及汇率因素的影响下，将一些五金制造企业生产基地外迁至武义、缙云等周边县市，而把总部留在永康，从而降低企业生产过程的经营成本，并促进企业在研发设计、品牌塑造、营销等方面配置更多资源，提高企业的竞争力，推动企业的转型升级。

产业链延伸型是指企业以原有产品经营为基点，向产业链上下游延伸，拓展经营领域，打开新的增长空间。例如海宁皮革中小企业，主动把产业链延伸到皮革沙发、制革、皮革制品等新领域，极大地丰富了企业的产品线。近年来，一些装备制造类企业紧密结合各自的业务实际，促进生产性服务业与制造业的互动发展，扩展产业链，即从原来的单机设备的供应向为整个工程项目提供设计等系统解决方案转变，实现从设备供应商到系统服务供应商的转变。

通过典型区域中小企业转型升级不同模式的比较之后，梳理出它们的内在机理（见图 3-1）。

转型升级影响因素：政策体系、外部环境、企业特征

| 要素累积和能力跃迁 | 转型升级的本质：创新要素的集聚和组合 | 关联外溢效应 |

基于企业价值链的转型升级　　　　基于产业网络的转型升级

工艺升级　产品升级　功能升级　　单链升级　　　多链升级

| 生态发展型 | 创意植入型 | 渐进攀升型 | 产业链分工"倒逼"型 | 区域品牌联动型 | 产业链延伸型 | 功能分离型 |

适应内部环境变化，提升竞争力

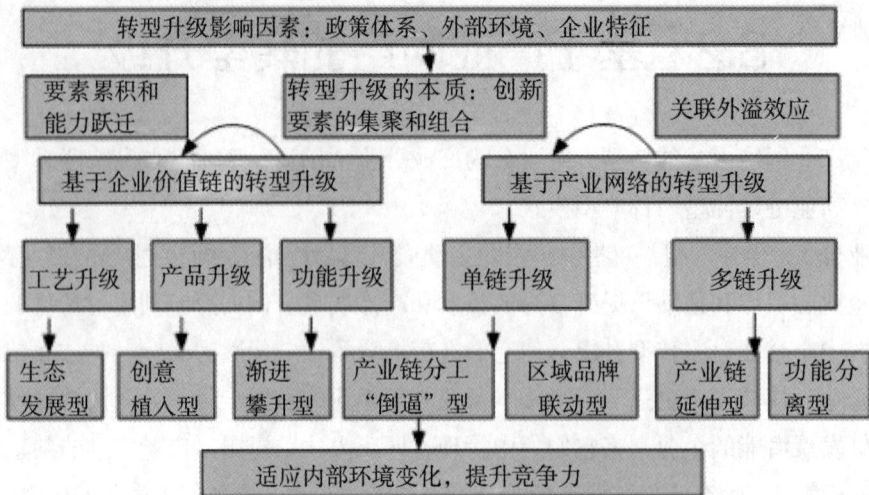

图 3-1　中小企业转型升级内在机理分析

中小企业要积极克服自身的资源能力瓶颈，结合自身的企业特点以及所处的产业组织网络特点，选择合适的转型升级模式，积极有效整合相关的创新要素，加快转型升级的步伐，推动制造型中小企业的竞争力提升和可持续发展。当然，中小企业并非只采取一种转型升级模式，应该是几种模式的组合。

第四章　中小企业转型升级的影响因素

在明确了中小企业的转型升级的基本现状后，本章将进一步研究中小企业转型升级评价指标体系及影响因素，即对于中小企业而言，转型升级各项指标的重要性如何、受到哪些因素的影响。

4.1　中小企业转型升级指标体系构建

4.1.1 转型升级指标选取

层次分析法将被比较对象从不同角度构建模型，如目标层、准则层、指标层等。在研究中小企业转型升级的影响因素时，首先需要将中小企业的转型升级分为转型和升级两个方面进行定量测度，然后将转型和升级再细分为若干微观指标。在设立以上相关指标时重点考虑企业转型升级创新发展的要求，并考虑到数据获取的科学性、全面性、合理性和可行性原则，突出导向性和可持续发展的特点。

1. 中小企业转型指标

市场是小微企业价值链所处层次的反映。中小企业产品所占据的市场是其产品品牌、技术及质量的综合体现，是中小企业利润的直接影响因素，市场的开发主要在于国内市场、国际市场以及电子商务市场。市场评价指标主要有市场增长率、市场分布、电子商务。

内部管理是中小企业转型的原动力。中小企业大多数管理存在松散随意的情况，需要突出新技术、新工具以及新理念的应用，同时中小企业的员工素质整体偏低，管理方式主要是负责人的主观决策。内部管理的主要评价指标有管理现代化水平、员工培训及负责人管理能力。

产业是中小企业转型的重要途径之一。中小企业通过原产业的发展向上游或下游产业延伸，或者向其他新兴特色产业渗透，进而促使企业整体价值链效应最大化，是转型的最高要求。产业的评价指标主要有产业延伸、产业转变。具体见表4-1。

表 4-1 转型指标

	二级指标	三级指标	指标测量方法
转型指标	对外贸易	出口交货值	划分为 6 个等级，按 0 ~ 6 打分
		出口目的地	加分制，按国内和出口发达地区个数加分
		电子商务	定性指标
	内部管理	信息化水平	专家打分法
		员工培训	加权平均法
		负责人教育程度	按学历高低，分为 5 个等级打分
	产业	产业延伸	专家打分法
		产业转变	专家打分法

2. 中小企业升级指标

中小企业规模是企业升级的主要体现。中小企业规模化是其发展的主要瓶颈，在成本分摊、研发投入等方面规模是主要影响因素。为此国家及各省市出台了一系列关于促进中小企业上规升级的措施。企业规模评价指标主要有固定资产总额、工业总产值、员工数。

产品是中小企业发展的根本。产品的品牌、技术含量、质量是其市场竞争力的主要影响因素，也是企业升级的保障，也是中小企业差异化竞争的重要环节。产品评价指标主要有企业品牌、产品技术含量以及产成品总量。

创新能力是中小企业转型升级的关键环节。在市场竞争中中小企业的产品竞争力，主要依靠其创新能力的推动，促进其产品的升级，是中小企业关键瓶颈。创新能力评价指标主要有研发支出、研发人数、专利数。具体见表 4-2。

表 4-2 升级指标

	二级指标	三级指标	指标测量方法
升级指标	企业规模	固定资产总额	划分为 6 个等级，按 0 ~ 6 打分
		工业总产值	划分为 6 个等级，按 0 ~ 6 打分
		员工数	划分为 6 个等级，按 0 ~ 6 打分
	产品	企业品牌	专家打分法
		产品技术含量	专家打分法
		产成品总量	划分为 6 个等级，按 0 ~ 6 打分
	创新能力	研发支出	划分为 6 个等级，按 0 ~ 6 打分
		研发人数	划分为 6 个等级，按 0 ~ 6 打分
		专利数	划分为 6 个等级，按 0 ~ 6 打分

所以在对中小企业转型升级评价因素充分分析的基础上，本书建立了递阶层次结构模型，见图 4-1。该结构模型主要分为三层：第一层为目标层，记为 A。第二层为准则层，记为 B，包括六个准则。第三层为子准则层，记为 C，包括八个子准则。

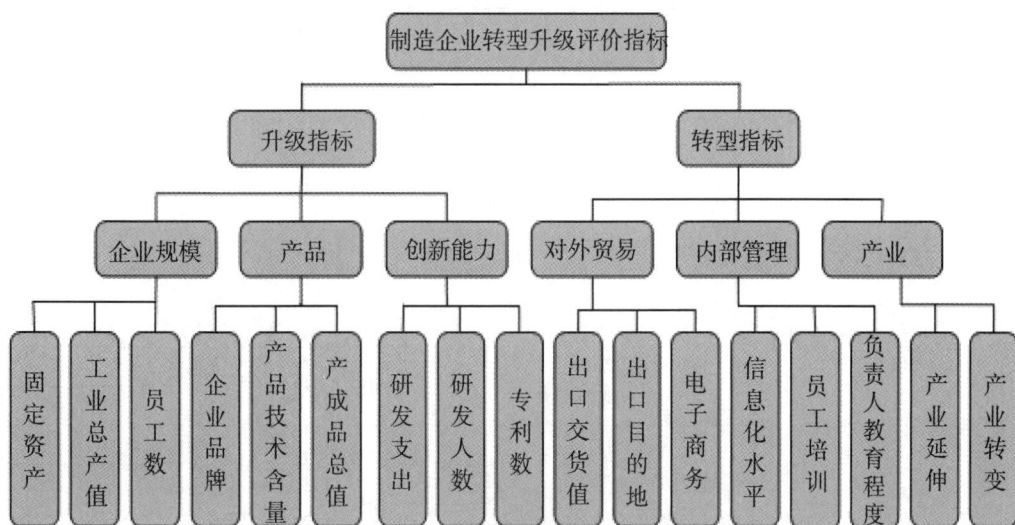

图 4-1 中小企业转型升级评价指标体系

4.1.2 建立转型升级评价指标体系层次模型结构

当前对经济转型的研究成果较多，包括企业转型升级的典型案例研究也较为丰富，各大主流媒体包括央视新闻等都在宣传报道各种企业成功的典型做法和经验，然而这些研究多数结合行业或者企业的特殊性，缺乏对一般性和规律性的挖掘，特别是在对企业转型升级的定量评价上缺乏统一的标准，大多数研究是针对企业转型升级的类型和模式以及对企业转型升级的具体做法，而对于企业转型升级的评价指标体系及影响因素的研究较为缺乏，现有的评价体系也多为宏观层面，没有反映企业创新驱动发展的内涵要求，同时缺少对转型升级影响因素的挖掘，不足以对中小企业的转型升级提供较多的指导建议。

转型升级的评价指标体系要体现对企业创新驱动发展的内涵要求，要能够对企业的转型升级起到导向作用，要立足于微观的指标，要给企业以具体的行动指南，依据各项影响因素所建立的中小企业转型升级评价指标体系层次模型结构，具体如表 4-3 所示。

表4-3 中小企业的转型升级评价指标体系层次模型结构

总目标	一级层次	二级层次
A 中小企业的转型升级评价指标体系	B2 企业规模	C2 固定资产总额
		C2 工业总产值
		C2 员工数
	B2 产品	C2 企业品牌
		C2 产品技术含量
		C2 产成品总值
	B2 创新能力	C2 研发支出
		C2 研发人数
		C2 专利数
	B2 对外贸易	C2 出口交货值
		C2 出口目的地
		C2 电子商务
	B2 内部管理	C2 信息化水平
		C2 员工培训
		C2 负责人教育程度
	B2 产业	C2 产业延伸
		C2 产业转变

对于评价指标体系层次模型构建完成后，接下来要进行的是构建判断矩阵。本次调查采用问卷调查的方法，通过走访宁波思味特食品有限公司、三峰机械电子有限公司、宁波市政府等地，先后访问了政府、企业等机构的12位专家（具体分配如表4-4所示），收集基础数据，将管理者的经验进行量化处理，将出现答题不客观等现象的问卷去除，最终评选出5位专家构建判断矩阵，由于专家权重的不同可以转化为专家人数的不同，不妨假设各决策者的权重是相同的，并采用加权几何平均算法集结各专家的判断矩阵，形成一个共识度矩阵，使分析更具有科学性、严谨性。

表4-4 转型升级评价指标体系调查问卷分配

层面	政府			企业		
对象	财政局	经信委	工业经济研究所	生产部经理	车间主管	技术部主管
分配样本数	2	2	2	2	2	2

1.各专家判断矩阵

德尔菲法，又称专家规定程序调查法，主要是由调查者拟定调查表，按照既定程序，分别向专家组成员进行征询；而专家组成员又以匿名的方式提交意见。经过几次反复征询和反馈，专家组成员的意见逐步趋于集中，最后获得具有很高准确率的集体判断结果。

为了便于下面的讨论，这里先给出群组决策的一般性结构。设有 m 位专家对 n 个决策方案进行评判，其中 $E=\{E_1, E_2, ..., E_m\}$ 为专家决策群体，$S=\{S_1, S_2, ..., S_n\}$ 为候选的决策评价方案。设第 k 位专家 E_k 的评价判断矩阵为 $A(k)=[a(k)ij]$ 中，$k=1, 2, ...,$ m；$i, j=1, 2, ..., n$。5 位专家给出的判断矩阵如下：

$$A^{(1)}=\begin{bmatrix} 1 & 1/7 & 1/2 & 1/3 & 1/9 & 1/9 \\ 7 & 1 & 3 & 2 & 1/3 & 1/9 \\ 2 & 1/3 & 1 & 1/3 & 1/4 & 1/9 \\ 3 & 1/2 & 3 & 1 & 1/9 & 1/4 \\ 9 & 3 & 4 & 9 & 1 & 1/3 \\ 9 & 9 & 9 & 4 & 3 & 1 \end{bmatrix} \quad A^{(2)}=\begin{bmatrix} 1 & 6 & 1/2 & 1/2 & 1/5 & 1/5 \\ 1/6 & 1 & 1/5 & 1/3 & 1/3 & 1/8 \\ 2 & 5 & 1 & 1/3 & 1/2 & 1/3 \\ 2 & 3 & 3 & 1 & 1/2 & 1/2 \\ 5 & 3 & 2 & 2 & 1 & 1/2 \\ 5 & 8 & 3 & 2 & 2 & 1 \end{bmatrix}$$

一致性：$CR=0.0934$　　　　　　　　一致性：$CR=0.0894$

$$A^{(3)}=\begin{bmatrix} 1 & 1/8 & 1/2 & 1/2 & 1/5 & 1 \\ 8 & 1 & 1 & 8 & 2 & 4 \\ 4 & 1 & 1 & 6 & 1/3 & 2 \\ 2 & 1/8 & 1/6 & 1 & 1/4 & 1/2 \\ 5 & 1/2 & 3 & 4 & 1 & 9 \\ 1 & 1/4 & 1/2 & 2 & 1/9 & 1 \end{bmatrix} \quad A^{(4)}=\begin{bmatrix} 1 & 1/4 & 1/9 & 1 & 1/9 & 1/2 \\ 4 & 1 & 1/3 & 7 & 1/6 & 6 \\ 9 & 3 & 1 & 9 & 1/3 & 7 \\ 1 & 1/7 & 1/9 & 1 & 1/7 & 1/4 \\ 9 & 6 & 3 & 7 & 1 & 7 \\ 2 & 1/6 & 1/7 & 4 & 1/7 & 1 \end{bmatrix}$$

一致性：$CR=0.0787$　　　　　　　　一致性：$CR=0.0940$

$$A^{(5)}=\begin{bmatrix} 1 & 1/4 & 1/7 & 1 & 1/5 & 1/8 \\ 4 & 1 & 1 & 1 & 1/5 & 1/5 \\ 7 & 1 & 1 & 5 & 1/5 & 1/4 \\ 1 & 1 & 1/5 & 1 & 1/5 & 1/5 \\ 5 & 5 & 5 & 5 & 1 & 2 \\ 8 & 5 & 4 & 5 & 1/2 & 1 \end{bmatrix}$$

一致性：$CR=0.0932$

2. **构建综合判断矩阵**

在以上 5 位专家的判断矩阵的基础上，利用几何平均法构建关于 B_1、B_2、B_3、B_4、B_5、B_6 对总目标的综合判断矩阵并求出各综合判断矩阵的最大值、排序向量并对它们进行一致性检验。同理可得出 C_1、C_2、C_3 对准则层 B_1 等各指标层对准则层的综合判断矩阵。

$$令 \; b_{ij}=\sqrt[n]{\prod_{n=1}^{n} A^{(n)} a_{ij}} \quad (i, j=1, 2, 3, \cdots, n)$$

其中设 $m_{ij}=b_{ij}{}^n$，b_{ij} 表示集结后综合判断矩阵中的各个元素。

计算企业规模与产品比较的集结矩阵元素：

$$m_{12}=\frac{1}{7} \times 6 \times \frac{1}{8} \times \frac{1}{4} \times \frac{1}{4} = \frac{3}{448}$$

$$b_{12} = \sqrt[5]{m_{12}} = \sqrt[5]{\frac{3}{448}} = 0.3674$$

根据同样的方法得到综合判断矩阵中其余各集结元素值。

3. 计算一级层次对总目标层的重要度

通过对评价指标体系层次模型的判断矩阵处理，首先可以确定的是企业规模、产品、创新能力、对外贸易、内部管理、产业与中小企业转型升级评价指标体系的总目标是存在一定联系的，从判断矩阵中得出 B_1、B_2、B_3、B_4、B_5、B_6 对总目标 A 的重要性次序权重值，进而可以求出所有元素的权重值，包括评价指标体系中各个层次上各项因素的权重值，由此完成对中小企业转型升级评价指标体系中各项因素权重值的排序。本调查使用方根法对中小企业转型升级评价指标体系进行重要度计算。

（1）将所得综合判断矩阵 b_{ij} 转换为分数矩阵形式：

$$b_{ij} = \begin{bmatrix} 1 & 1837/5000 & 627/2500 & 1521/2500 & 1581/10000 & 1341/5000 \\ 1701/625 & 1 & 453/625 & 10313/5000 & 3749/10000 & 2909/5000 \\ 19937/5000 & 13797/10000 & 1 & 1234/625 & 3081/10000 & 3323/5000 \\ 8219/5000 & 606/1250 & 5056/10000 & 1 & 2561/1250 & 3155/10000 \\ 63253/10000 & 26673/10000 & 32453/10000 & 23947/5000 & 1 & 1149/625 \\ 37279/10000 & 4297/2500 & 15047/10000 & 15849/5000 & 5439/10000 & 1 \end{bmatrix}$$

（2）计算综合判断矩阵的行要素乘积并求行要素集合几何平均（方根）：

$$\overline{w}_i = \sqrt[n]{\prod_{j=1}^{n} a_{ij}} \quad (i, j = 1, 2, 3, \cdots, n)$$

具体计算过程如下：

$$\overline{w}_1 = \sqrt[n]{\prod_{j=1}^{n} a_{ij}} = \overline{w}_i = \sqrt[6]{1 \times \frac{1837}{5000} \times \frac{627}{2500} \times \frac{1521}{2500} \times \frac{1581}{10000} \times \frac{1341}{5000}} = 0.3653$$

$$\overline{w}_2 = \sqrt[n]{\prod_{j=1}^{n} a_{ij}} = \overline{w}_i = \sqrt[6]{\frac{1701}{625} \times 1 \times \frac{453}{625} \times \frac{10313}{5000} \times \frac{3749}{10000} \times \frac{2909}{5000}} = 0.9803$$

$$\overline{w}_3 = \sqrt[n]{\prod_{j=1}^{n} a_{ij}} = \overline{w}_i = \sqrt[6]{\frac{19937}{5000} \times \frac{13797}{10000} \times 1 \times \frac{1234}{625} \times \frac{3081}{10000} \times \frac{3323}{5000}} = 1.1425$$

$$\overline{w}_4 = \sqrt[n]{\prod_{j=1}^{n} a_{ij}} = \overline{w}_i = \sqrt[6]{\frac{8219}{5000} \times \frac{606}{1250} \times \frac{5056}{10000} \times 1 \times \frac{2561}{2500} \times \frac{3155}{10000}} = 0.5463$$

$$\overline{w}_5 = \sqrt[n]{\prod_{j=1}^{n} a_{ij}} = \overline{w}_i = \sqrt[6]{\frac{63253}{10000} \times \frac{26673}{10000} \times \frac{32453}{10000} \times \frac{23947}{5000} \times 1 \times \frac{1149}{625}} = 2.8002$$

$$\overline{w}_6 = \sqrt[n]{\prod_{j=1}^{n} a_{ij}} = \overline{w}_i = \sqrt[6]{\frac{37279}{10000} \times \frac{4297}{10000} \times \frac{15047}{10000} \times \frac{15849}{5000} \times \frac{5439}{10000} \times 1} = 1.5975$$

经过以上对行要素乘积进行几何平均后，得到未经归一化处理的 B_1、B_2、B_3、B_4、B_5、B_6 对总目标 A 的最终权重，归结如下：

$$\overline{w}_i = \begin{bmatrix} 0.3653 \\ 0.9803 \\ 1.1425 \\ 0.5463 \\ 2.8002 \\ 1.5975 \end{bmatrix}$$

（3）将向量 $\overline{w} = (\overline{w}_1, \overline{w}_2, \overline{w}_3, \overline{w}_4, \overline{w}_5, \overline{w}_6)^T$ 进行归一化处理及计算 B_1、B_2、B_3、B_4、B_5、B_6 对 A 的最终权重，即企业规模、产品、创新能力、对外贸易、内部管理、产业对总目标层企业转型升级评价指标体系的权重计算：

$$w_i = \begin{bmatrix} 0.3653 \\ 0.9803 \\ 1.1425 \\ 0.5463 \\ 2.8002 \\ 1.5975 \end{bmatrix} \Big/ \sum_{k=1}^{6} \overline{w}_k = \begin{bmatrix} 0.0493 \\ 0.1313 \\ 0.1546 \\ 0.0732 \\ 0.3778 \\ 0.2138 \end{bmatrix}$$

$$w_1 = \overline{w}_1 \Big/ \sum_{k=1}^{6} \overline{w}_k = 0.3653 \Big/ \sum_{k=1}^{6} \overline{w}_k = 0.0493$$

$$w_2 = \overline{w}_2 \Big/ \sum_{k=1}^{6} \overline{w}_k = 0.09803 \Big/ \sum_{k=1}^{6} \overline{w}_k = 0.1313$$

$$w_3 = \overline{w}_3 \Big/ \sum_{k=1}^{6} \overline{w}_k = 1.1425 \Big/ \sum_{k=1}^{6} \overline{w}_k = 0.1546$$

$$w_4 = \overline{w}_4 \Big/ \sum_{k=1}^{6} \overline{w}_k = 0.5463 \Big/ \sum_{k=1}^{6} \overline{w}_k = 0.0732$$

$$w_5 = \overline{w}_5 \Big/ \sum_{k=1}^{6} \overline{w}_k = 2.8002 \Big/ \sum_{k=1}^{6} \overline{w}_k = 0.3778$$

$$w_6 = \overline{w}_6 \Big/ \sum_{k=1}^{6} \overline{w}_k = 1.5975 \Big/ \sum_{k=1}^{6} \overline{w}_k = 0.2138$$

在构建综合判断矩阵的基础上，计算一级层次对总目标层的排序权重，如表4-5所示。

表 4-5 B_1、B_2、B_3、B_4、B_5、B_6 对目标层 A 的排序权重

转型升级评价指标	企业规模	产品	创新能力	对外贸易	内部管理	产业	W_i
企业规模	1.0000	0.3674	0.2508	0.6084	0.1581	0.2682	0.0493
产品	2.7216	1.0000	0.7248	2.0626	0.3749	0.5818	0.1313
创新能力	3.9874	1.3797	1.0000	1.9744	0.3081	0.6646	0.1546
对外贸易	1.6438	0.4848	0.5065	1.0000	0.2088	0.3155	0.0732
内部管理	6.3253	2.6673	3.2453	4.7894	1.0000	1.8384	0.3778
产业	3.7279	1.7188	1.5047	3.1698	0.5439	1.0000	0.2138

（4）判断矩阵由表 4-5 的计算结果得到：$w = (0.0493, 0.1313, 0.1546, 0.0732, 0.3778, 0.2138)^T$，这也是矩阵 b_{ij} 的特征向量，求解其最大特征根为：

$$\lambda \frac{1}{n} \sum_{i=1}^{n} \frac{(Aw)_i}{w_i}\bigg|_{max}$$

$$= \frac{1}{4}\left(\frac{\sum_{i=j=1}^{n} a_{1j}w_i}{w_1} + \frac{\sum_{i=j=1}^{n} a_{2j}w_i}{w_2} + \frac{\sum_{i=j=1}^{n} a_{3j}w_i}{w_3} + \frac{\sum_{i=j=1}^{n} a_{4j}w_i}{w_4} + \frac{\sum_{i=j=1}^{n} a_{5j}w_i}{w_5} + \frac{\sum_{i=j=1}^{n} a_{6j}w_i}{w_6} \right)$$

$$= 6.0481$$

判断体系中矩阵 b_{ij} 的一致性检验。

在中小企业转型升级指标体系的 AHP 实施过程中，判断矩阵 b_{ij} 的任意一个值 a_{ij} 反映要素 i 和要素 j 之间的重要性之比，它既可以通过这两要素间的直接对比而得到，又可以通过其他要素的比较而获得。如果要素 i 和要素 k 之间的重要性之比为 a_{ik}，而要素 k 和要素 i 之间的重要性之比是 a_{kj}，则要素 i 和要素 j 之间的重要性之比也可以用 a_{ik} / a_{kj} 来取代。专家和企业人力资源管理者，不管用直接方法还是间接方法，要素 i 和要素 j 之间的重要性对比应该是唯一的。然而在转型升级体系制定的实际工程中，由于判断对象的复杂性以及主观性的差异，专家以及企业人力资源管理者在判断时所采用的标度即对比的各要素之间缺乏清楚的认知，可能会出现 B_1、B_2、B_3、B_4、B_5、B_6 之间的排序矛盾，即整体排序缺乏满意一致性。引入一致性概念，主要就是用于评判专家及企业人力资源管理者构造出来的判断矩阵是否可以被接受。

对于矩阵 b_{ij} 的一致性评价指标：$C \cdot R \cdot = C \cdot I / R \cdot I$

其中 $C \cdot I \cdot = (\lambda_{max}$

$= (6.0481 - 6) / (6 - 1)$

$= 0.00962$

查表得六阶矩阵的平均随机一致性指标 $R \cdot I = 1.2550$，该矩阵的随机一致性比例 $C \cdot R \cdot = C \cdot I / R \cdot I = 0.00962 / 1.2550 = 0.0076 < 0.1$，所以该矩阵是满意一致性矩阵。$B_1$、$B_2$、$B_3$、$B_4$、$B_5$、$B_6$ 相对目标层的排序为 $[0.0493, 0.1313, 0.1546, 0.0732, 0.3778, 0.2138]^T$。

因此，得到准则层对目标层的排序权重，如表 4-6 所示。

表 4-6 准则层对目标层 A 的排序权重及一致性检验

制造企业转型升级评价指标	企业规模	产品	创新能力	对外贸易	内部管理	产业	w_i	一致性检验
企业规模	1.0000	0.3674	0.2508	0.6084	0.1581	0.2682	0.0493	
产品	2.7216	1.0000	0.7248	2.0626	0.3749	0.5818	0.1313	
创新能力	3.9874	1.3797	1.0000	1.9744	0.3081	0.6646	0.1546	CRA=0.0076
对外贸易	1.6438	0.4848	0.5065	1.0000	0.2088	0.3155	0.0732	
内部管理	6.3253	2.6673	3.2453	4.7894	1.0000	1.8384	0.3778	
产业	3.7279	1.7188	1.5047	3.1698	0.5439	1.0000	0.2138	

4.1.3 企业转型升级指标体系各层次因素权重排序

根据以上计算一级层次对总目标的方法可以得到：

C_1、C_2、C_3 对 B_1 的排序为 $[0.2538, , 0.2858, 0.4604]^T$, λ_{max}，一致性比例为 $0.0058 < 0.1$。指标层 C_1、C_2、C_3 对准则层 B_1 的排序权重，如表 4-7 所示。

表 4-7 指标层 $C_1 \sim C_3$ 对准则层 B_1 的排序权重

B_2	C_2	C_2	C_2	w_i（权重）	一致性检验
C_2	1.0000	0.8219	0.5957	0.2538	
C_2	1.2167	1.0000	0.5743	0.2858	0.0058
C_2	1.6788	1.7411	1.0000	0.4604	

C_4、C_5、C_6 对 B_2 的排序为 $[0.3180, 0.5296, 0.1524]^T$, λ_{max}，一致性比例为 $0.0024 < 0.1$。指标层 C_4、C_5、C_6 对准则层 B_2 的排序权重，如表 4-8 所示。

表 4-8 指标层 $C_4 \sim C_6$ 对准则层 B_2 的排序权重

B_2	C_2	C_2	C_2	w_i（权重）	一致性检验
C_2	1.0000	0.6310	1.9855	0.3180	
C_2	1.5849	1.0000	3.6502	0.5296	0.0024
C_2	0.5037	0.2740	1.0000	0.1524	

C_7、C_8、C_9 对 B_3 的排序为 $[0.6479, 0.2299, 0.1222]^T$, λ_{max}，一致性比例为 $0.0105 < 0.1$; 指标层 C_7、C_8、C_9 对准则层 B_3 的排序权重，如表 4-9 所示。

表 4-9 指标层 $C_7 \sim C_9$ 对准则层 B_3 的排序权重

B_2	C_2	C_2	C_2	w_i（权重）	一致性检验
C_2	1.0000	0.6683	0.1616	0.1214	
C_2	3.1777	0.0000	0.3309	0.2017	0.0105
C_2	6.1879	3.0219	1.0000	0.6768	

C_{10}、C_{11}、C_{12} 对 B_4 的排序为 $[0.1298, 0.3771, 0.4931]^T$，$\lambda_{max}$，一致性比例为 $0.0078 < 0.1$；指标层 C_{10}、C_{11}、C_{12} 对准则层 B_4 的排序权重，如表 4-10 所示。

表 4-10 指标层 $C_{10} \sim C_{12}$ 对准则层 B_4 的排序权重

B_2	C_2	C_2	C_2	w_i（权重）	一致性检验
C_2	1.0000	0.3147	0.2881	0.1298	
C_2	3.1777	.0000	0.6988	0.3771	0.0078
C_2	3.4713	1.4310	1.0000	0.4931	

C_{13}、C_{14}、C_{15} 对 B_5 的排序为 $[0.2433, 0.4274, 0.3292]^T$，$\lambda_{max}$，一致性比例为 $0.0162 < 0.1$；指标层 DS 对准则层 B_5 的排序权重，如表 4-11 所示。

表 4-11 指标层 $C_{13} \sim C_{15}$ 对准则层 B_5 的排序权重

B_2	C_2	C_2	C_2	w_i（权重）	一致性检验
C_2	1.0000	0.5000	0.8415	0.2433	
C_2	2.0000	.0000	1.1404	0.4274	0.0162
C_2	1.1884	0.8769	1.0000	0.3292	

β 对 x 的排序为 JH，CK，一致性比例为 ZC。

指标层 GL 对准则层 SZ 的排序权重，如表 4-12 所示。

表 4-12 指标层 $C_{16} \sim C_{17}$ 对准则层 B_6 的排序权重

B_2	C_2	C_2	C_2	w_i（权重）	一致性检验
C_2	1.0000	0.8027	0.4453	0.1214	
C_2	1.2457	.0000	0.5547	0.2017	0.0000

最后由上述各层次单排序得出中小企业转型升级评价体系层次总排序，如表 4-13 所示。

表 4-13 二级层次 C 的层次总排序表

总目标	一级层次	一级层次权重值	二级层次	二级层次权重值	二级层次相对于目标层权重值
中小企业转型升级评价指标	B_1 企业规模	0.3778	C_1 固定资产总额	0.4604	0.0227
			C_2 工业总产值	0.5957	0.0125
			C_3 员工数	0.5743	0.0141
	B_2 产品	0.1313	C_4 企业品牌	0.3180	0.0418
			C_5 产品技术含量	0.5296	0.0696
			C_6 产成品总值	0.1524	0.0200
	B_3 创新能力	0.1546	C_7 研发支出	0.1214	0.0188
			C_8 研发人数	0.2017	0.0312
			C_9 专利数	0.6768	0.1047

总目标	一级层次	一级层次权重值	二级层次	二级层次权重值	二级层次相对于目标层权重值
中小企业转型升级评价指标	B_4 对外贸易	0.0732	C_{10} 出口交货值	0.1298	0.0095
			C_{11} 出口目的地	0.3771	0.0276
			C_{12} 电子商务	0.4931	0.0361
	B_5 内部管理	0.3778	C_{13} 信息化水平	0.2433	0.0919
			C_{14} 员工培训	0.4274	0.1615
			C_{15} 负责人教育程度	0.3292	0.1244
	B_6 产业	0.2138	C_{16} 产业延伸	0.4453	0.0952
			C_{17} 产业转变	0.5547	0.1186

由表 4-13 可知，影响中小企业转型升级评价体系建立完善的影响因素，按重要度排序为员工培训、负责人教育程度、产业转变、专利数、产业延伸、信息化水平、产品技术含量、企业品牌、电子商务、研发人数、出口目的地、固定资产总额、产成品总值、研发支出、员工数、工业总产值、出口交货值。

4.1.4 企业转型升级值的测算

在利用层次分析法得出转型升级各微观指标权重的基础上，对转型升级进行定量测算，将转型升级的每一个微观观测指标设为 DS，运用德尔菲法，通过专家对其影响因子从 0～10 进行重要程度打分，然后运用层次分析法，计算出每个因子的权重值 YF，然后通过加权平均法进行汇总计算得出总体转型升级值 SF，企业每进行一项转型或升级选择"是"可得 1 分，选择"否"得 0 分。对于非二分变量的转型或升级打分，将对变量的平均值进行阶段划分评分所得。各指标转型升级值 DS 计算公式如下：

$$DS = \sum_{i=1}^{n} W_i DS_i$$

根据以上计算得出各微观指标转型升级的总得分，如表 4-14 所示。

表 4-14　微观指标转型升级测算

总目标	一级指标	微观指标	DS_i	W_i	DS
DS 转型升级测算	B_1 企业规模	C_1 固定资产	488	0.0227	11.0776
		C_2 工业总产值	480	0.0125	6.0000
		C_3 员工数	511	0.0141	7.2051
	B_2 产品	C_4 企业品牌	73	0.0418	3.0514
		C_5 产品技术含量	155	0.0696	10.788
		C_6 产成品总值	409	0.0200	8.1800
	B_3 创新能力	C_7 研发支出	147	0.0188	2.7636
		C_8 研发人数	25	0.0312	0.7800
		C_9 专利数	122	0.1047	12.7734

总目标	一级指标	微观指标	DS_i	W_i	DS
DS 转型 升级测算	B_4 对外贸易	C_{10} 出口交货值	233	0.0095	2.2135
		C_{11} 出口目的地	127	0.0276	3.5052
		C_{12} 电子商务	35	0.0361	1.2635
	B_5 内部管理	C_{13} 信息化水平	501	0.0919	46.0419
		C_{14} 员工培训	156	0.1615	25.1940
		C_{15} 负责人教育程度	307	0.1244	38.1908
	B_6 产业	C_{16} 产业延伸	60	0.0952	5.7120
		C_{17} 产业转变	40	0.1186	4.7440

由表 4-14 可知，依据制造企业转型升级评价体系得出的微观指标权重及转型升级值计算可以得出，各微观指标转型升级总值排在前六项的分别为信息化水平、负责人教育程度、员工培训、专利数、固定资产总额、产品技术含量，接着依次为产成品总值、员工数、工业总产值、产业延伸、产业转变、出口目的地、企业品牌、研发支出、出口交货值、电子商务、研发人数。

结果显示企业的内部管理指标对企业的转型升级最重要。企业的内部管理是一个企业的灵魂，它贯穿于企业经济活动的各个方面。内部管理越好越能帮助企业提高经营管理水平及经济效益，以达到"增收节支，事半功倍"的效果。

4.2 转型升级影响因素实证

4.2.1 转型升级影响因素因子分析

1. KMO 和 Bartlett 检验

关于是否适合做因子分析，本书选用 KMO 和 Bartlett 检验。KMO 检验用于变量之间的偏相关性，计算偏相关性时因为控制了其他因素的影响，因此会比简单相关系数来得小。一般来说，KMO 统计大于 0.9 时效果最好，0.7 以上为可以接受，0.5 以下则不适合进行因子分析，本书中的 KMO 取值为 0.745，适合做因子分析。Bartlett 球体检验统计量 Sig 为 0.000，小于显著性水平 0.05，所以否定 Bartlett 球体检验的零假设，认为适合做因子分析。其结果如表 4-15 所示。

表 4-15　KMO 和 Bartlett 检验

取样足够度的 Kaiser-Meyer-Olkin 度量		0.745
Bartlett 的球形度检验	近似卡方	241.144
	df	36
	Sig.	0.000

2. 构造因子变量

构造因子变量就是将原始变量归结于少数几个因子分析的核心内容，它的核心是根据样本数据求解因子载荷阵。如表 4-16 所示，为因子分析总方差解释表。本调查采用主成分分析法的因子载荷阵求解方法，通过 SPSS 分析结果给出的每个公因子所解释的方差和其累积和。观察"初始特征值"栏下的"累积 %"列，前 4 个累积因子解释方差已经达到了 52%，故而提取这 4 个公因子就能够比较好地解释原有变量所包含的信息。

表 4-16　因子分析的总方差解释表

成分	初始特征值			旋转平方和载入		
	合计	方差 / %	累积 /%	合计	方差 /%	累积 /%
1	1.872	20.795	20.795	1.717	19.077	19.077
2	1.521	16.899	37.694	1.631	18.123	37.201
3	1.467	16.299	53.992	1.511	16.792	53.992
4	0.912	10.136	64.129			
5	0.841	9.347	73.476			
6	0.779	8.655	82.131			
7	0.764	8.489	90.620			
8	0.512	5.690	96.310			
9	0.332	3.690	100.000			
提取方法：主成分分析						

如图 4-2 所示因子分析碎石图显示了公因子的特征值，横坐标为成分数，即因子数目，纵坐标为特征值，从图中可以直观地看出，第一个因子的特征值很高，对解释原有变量的贡献最大，有 4 个公因子的特征值都大于 1，其后特征值变化趋缓。由特征值和统计结果的总体贡献率可知，通过主成分分析提取 4 个因素，它们基本反映原来数据的大部分信息。因此，选取并构建 4 个公因子是合理的。

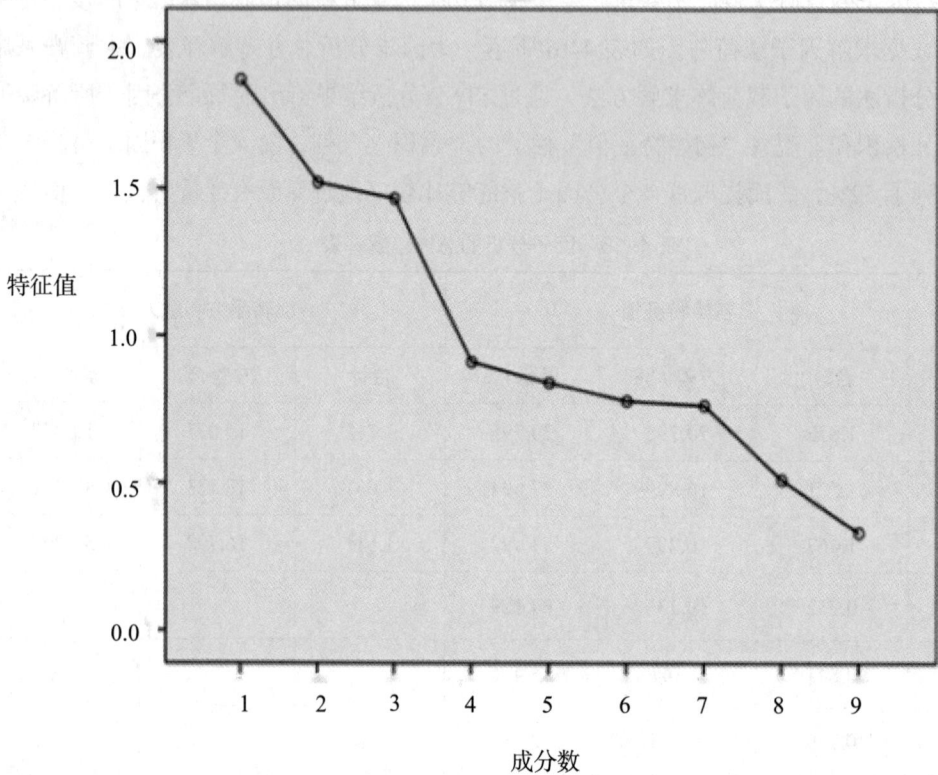

图 4-2　碎石图

3. 旋转分析因子变量

"旋转成分矩阵"为经过旋转后的因子载荷矩阵，比未旋转时更加容易解释各因子的意义。

表 4-17　旋转后的因子载荷矩阵表

	成分		
	1	2	3
出口交货值	0.887	−0.020	0.102
出口目的地	0.893	0.046	−0.046
资产投入	−0.156	0.534	−0.119
信息化管理水平	0.301	0.537	−0.218
整体素质	0.020	0.596	−0.016
管理者学历	−0.004	0.601	0.197
税费减免	0.092	0.183	0.822
财政扶持	−0.047	−0.100	0.836
研发支出	0.073	0.542	0.152
提取方法：主成分　旋转法：具有 Kaiser 标准化的正交旋转法			
a. 旋转在 5 次迭代后收敛。			

因子和各变量相关程度的指标是用因子载荷系数反映，它的绝对值越大，就表明当前变量对该因子的影响程度或决定性就越大。通过对旋转后的因子载荷矩阵进行观察，可以得出以下结论。

第一个公因了主要在出口交货值、出口目的地上有很大载荷，说明第一个公因子综合反映这几个方面的变动情况，将其命名为对外贸易因子。它们在此因子上的载荷系数分别为 0.887、0.893。

第二个公因子主要在资产投入、信息化管理水平、整体素质、管理者学历、研发支出上有很大载荷，说明第二个公因子综合反映这几个方面的变动情况，将其命名为内部管理因子。它们在此因子上的载荷系数分别为 0.534、0.537、0.596、0.601、0.542。

第三个公因子主要在税费减免、财政扶持上有很大载荷，说明第三个公因子综合反映这几个方面的变动情况，将其命名为扶持政策因子。它们在此因子上的载荷系数分别为 0.822、0.836。

通过因子分析，获得了对外贸易因子、内部管理因子、扶持政策因子 3 个公因子。通过因子载荷矩阵方差最大正交旋转后，提取因子系数较大的自变量进行归类，获得公因子及其自变量结构，如表 4-18 所示。

表 4-18　公因子及其结构表

公因子	对外贸易因子	内部管理因子	扶持政策因子
自变量	出口交货值 出口目的地	资产投入、信息化管理水平、整体素质、管理者学历、研发支出	税费减免 财政扶持

4.2.2 转型升级影响因素的单因素分析

在转型升级指标体系层次分析的基础上，从固定资产、对外贸易、内部管理和创新投入方面进行影响程度分析，将转型升级值 DS 作为因变量，选取固定资产、出口发达地区个数、员工学历和科技经费支出作为自变量，进行影响程度分析，挖掘出中小企业的转型升级关键因素，具体如表 4-19 所示。

表 4-19　自变量

因变量	转型升级值 DS			
自变量	固定资产	对外贸易	内部管理	创新投入
取值	资产投入（万元）	出口发达地区个数	员工学历	科技经费支出（万元）

分析结果如下。

1. 固定资产投入对转型升级的影响

为了解固定资产对企业转型的影响，可先对企业资产与企业转型情况进行方差分析，进行方差齐性检验，其结果如表 4-20 所示。

表 4-20　企业资产与转型升级方差齐性检验

Levene 统计量	df1	df2	显著性
2.310	4	227	0.059

由表 4-20 可知，显著性概率 Levene 统计量为 2.310，其对应的概率 P 值为 0.059，大于显著性水平 0.05，说明具有方差齐次性，用 LSD 法对各个水平的均值进行计算。其结果如表 4-21 所示。

表 4-21　企业资产与转型升级方差齐性检验

资产总计	< 1 000W	1 000~3 000W	3 000~5 000W	5 000~7 000W	7 000W 以上
< 1000W	1	−10.32（均值差 I-J）	−1.591*	−0.942*	−2.143*
		0.654（标准误）	0.753	1.046	0.883
		0.116（显著性）	0.036	0.368	0.011
1000 ~ 3000W		1	−0.559	−.0.089	−1.111
			0.550	0.910	0.654
			0.310	0.922	0.091
3000 ~ 5000W			1	0.649	−0.552
				0.983	0.753
				0.0510	0.464
5000 ~ 7000W				1	−1.201
					1.046
					0.252
7000W 以上					1

注：* 代表 5% 的显著性水平

由表 4-21 可知，不同的企业资产在转型升级的情况上存在差异，其中，资产小于 1 000 万元与 3 000 万 ~5 000 万元、5 000 万 ~7 000 万元，7 000 万元以上的显著性概率均小于 0.05，其余分组间的显著性概率均大于 0.05，不存在显著差异。

如图 4-3 所示为固定资产与转型升级情况均值折线图，进一步探讨企业的固定资产对转型升级的影响。从图中可看出，固定资产小于 1 000 万元的企业转型升级情况最差；企业固定资产在 7 000 万元以上转型情况最好；固定资产在 5 000 万 ~ 7 000 万元之间的企业转型升级情况有明显下降趋势，说明企业在这一阶段遇到的困难较多。

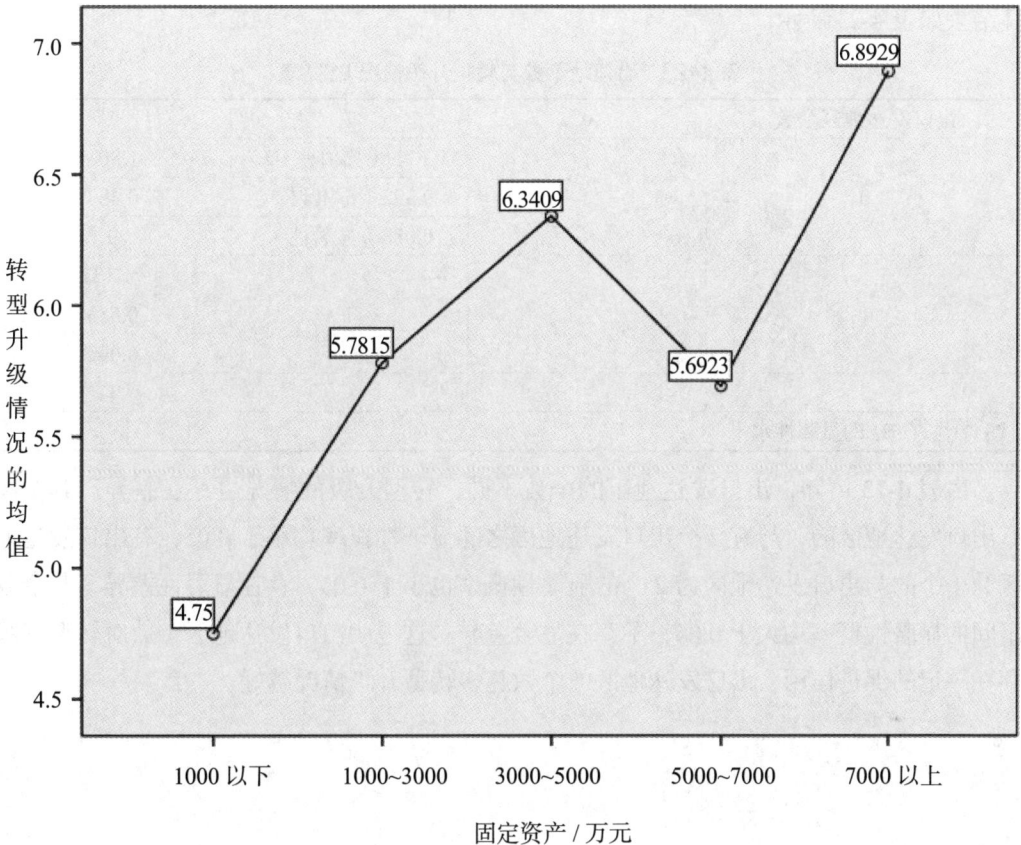

图 4-3　固定资产与转型升级情况均值折线图

总体来说，随着企业固定资产的增加企业的转型升级做得更好。企业的固定资产投资越多，企业的再生产运动就越活跃，通过固定资产投资来促进企业产业升级，优化生产力布局，提高企业经济发展水平与质量。

2. 对外贸易对转型升级的影响

为了解对外贸易是否对制造型中小企业转型升级产生影响，首先对有无对外贸易与转型情况进行分析，发现不存在显著相关。其次对有对外贸易的企业进行是否出口发达地区与转型升级情况进行分析，发现存在显著性差异。最后进一步对出口发达地区的个数与转型升级情况进行分析。对出口发达地区的个数与转型升级情况的方差分析，进行方差齐性检验，其结果如表 4-22 所示。

表 4-22　出口地个数与转型升级情况方差齐性检验

Levene 统计量	df1	df2	显著性
0.562	2	375	0.570

由表 4-22 可知，显著性概率 Levene 统计量为 0.562，其对应的概率 P 值为 0.570，大于显著性水平 0.05，说明具有方差齐次性，用 LSD 法对各个水平的均值进行计算。其结果如表 4-23 所示。

表 4-23　出口地个数与转型升级情况 LSD 表

出口发达地区个数	0	1	2
0		−0.671（均值差 I-J）	−1.801*
		0.392（标准误）	0.483
		0.088（显著性）	0
1		1	−1.131
			0.553
			0.042
2			1

注：* 代表 5% 的显著性水平

由表 4-23 可知，出口发达地区的个数不同，转型升级的情况也存在差异。其中没有出口发达地区的，与有 2 个出口发达地区之间显著性概率均小于 0.05，有出口发达地区为 1 个的与出口发达地区为 2 个的显著性概率也小于 0.05，存在显著性差异，其余分组间的显著性概率均大于 0.05，不存在显著差异。这说明出口发达地区个数对转型升级存在一定的促进作用，出口发达地区的个数越多转型升级情况越好。

如图 4-4 所示为出口发达地区个数与转型升级情况的均值折线图，进一步探讨出口发达地区个数对转型升级的影响。从图 4-4 中可看出，出口发达地区的个数越多，转型升级的情况就越好。

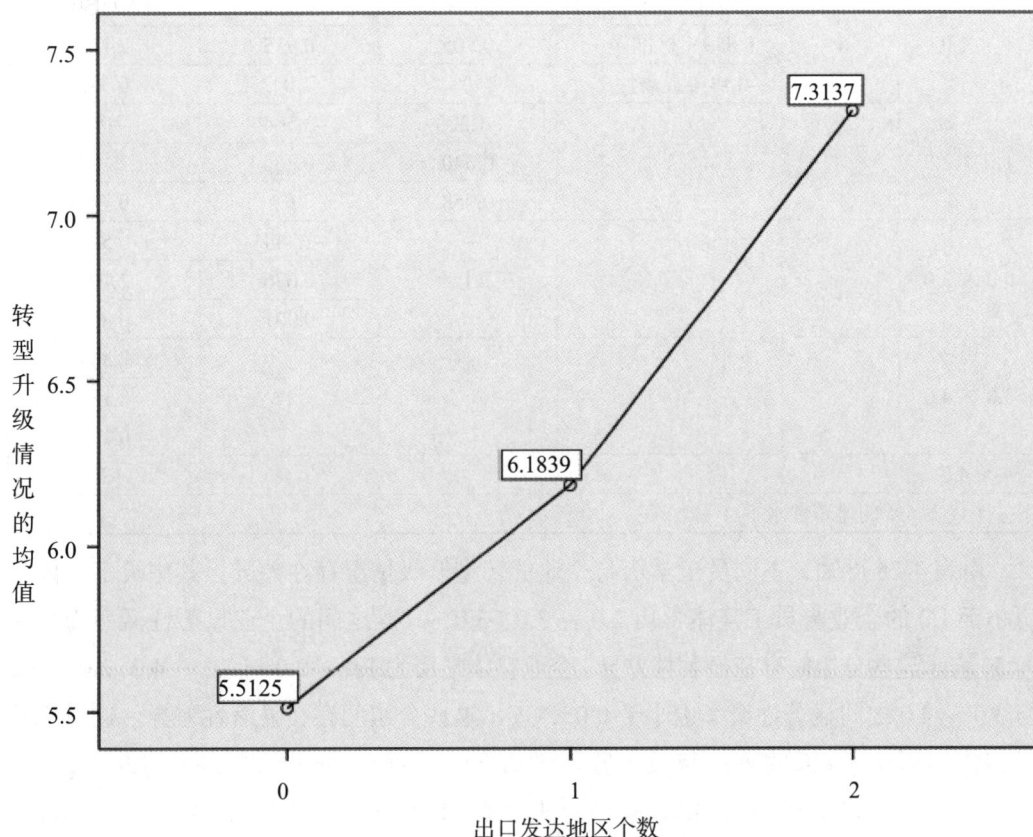

图 4-4 出口发达地区个数与转型升级情况的均值折线图

出口发达地区的个数越多，与发达地区的交流越频繁，发达地区的先进技术会对国内制造型中小企业起到一定的促进作用，能较好地促进企业转型升级。

3. 内部管理对转型升级的影响

为了解企业管理与转型升级的情况，先对员工加权平均学历与转型升级情况进行方差齐性检验，结果如表 4-24 所示。

表 4-24 员工学历与转型升级方差齐性检验

Levene 统计量	df1	df2	显著性
0.833	4	215	0.506

由表 4-24 可知，显著性概率 Levene 统计量为 0.833，其对应的概率 P 值为 0.506，大于显著性水平 0.05，说明具有方差齐次性，用 LSD 法对各个水平的均值进行计算。其结果如表 4-25 所示。

表 4-25 员工学历与转型升级 LSD 表

累计营业收入增长率	> 1.0	1.0 ~ 2.0	2.0 ~ 3.0	3.0 ~ 4.0	> 4.0
< 1.0	1	−1.350（均值差 I-J）	−2.570*	−4.914*	−2.050
		0.889（标准误）	0.705	0.915	2.197
		0.13（显著性）	0	0	0.352
1.0 ~ 2.0		1	−1.220	−3.564*	−0.7
			0.640	0.866	2.177
			0.058	0	0.748
0.0 ~ 3.0			1	−2.344*	0.520
				0.676	2.109
				0.001	0.806
3.0 ~ 4.0				1	2.864
					2.188
					0.192
> 4.0					1

注：* 代表 5% 的显著性水平

由表 4-25 可知，不同员工学历与企业的转型升级情况存在差异，其中员工整体学历小于 1.0 的企业与员工整体学历 2.0 ~ 3.0、3.0 ~ 4.0 之间的企业显著性概率均小于 0.05，表示这些分组间存在显著性差异。企业整体学历为 1.0 ~ 2.0 与 3.0 ~ 4.0、2.0 ~ 3.0 与 3.0 ~ 4.0 之间显著性概率也小于 0.05，表示这些分组间存在显著性差异。这说明员工整体学历小于 1.0 的企业与员工整体学历 2.0 ~ 3.0、3.0 ~ 4.0 之间，1.0 ~ 2.0 与 3.0 ~ 4.0、2.0 ~ 3.0 与 3.0 ~ 4.0 之间的企业转型升级存在明显差别，必须做进一步分析。

如图 4-5 所示为员工学历加权平均数与转型升级情况均值折线图，进一步探讨从图 4-5 中可看出，整体学历为 3.0 ~ 4.0 的企业转型情况最好；整体学历小于 1.0 的企业转型升级情况最差。而员工整体学历达到 4.0 的时候，转型升级情况却有所下降，说明这些企业属于高科技企业，已经完成了转型升级。

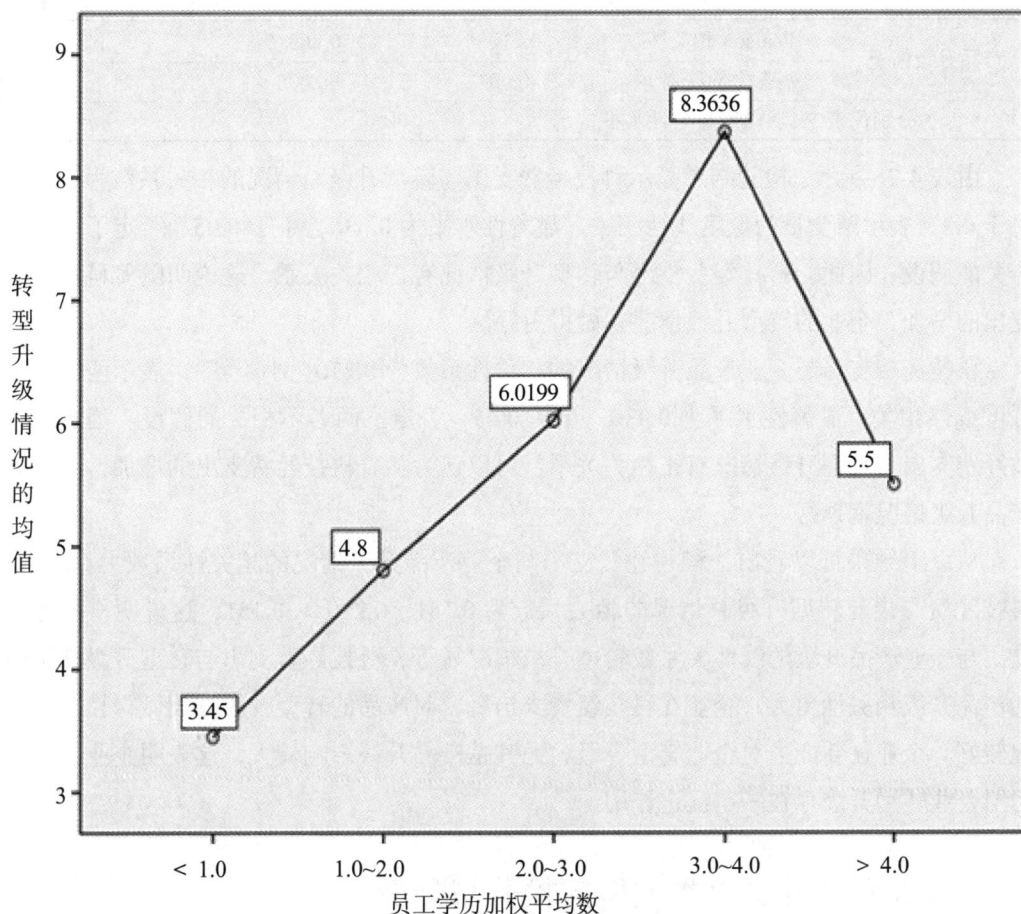

图 4-5　员工学历与转型升级情况的均值折线图

图 4-5 分析可以看出，企业人员的学历越高转型升级情况越好，表明企业人员知识越多对企业的发展越有利，知识信息更新速度越来越快。企业的发展离不开每一个员工，这就需要员工不断接收新知识、新技术，及时进行知识更新。

4. 创新投入对转型升级的影响

为了解企业创新能力对转型升级是否有影响，对科技经费支出与转型升级情况进行相关性分析，表 4-26 是相关性检验的结果。

表 4-26　科技经费支出与转型升级情况

		科技经费支出	转型升级情况	产品升级情况
科技经费支出	Pearson 相关性	1	0.151*	0.210**
	显著性（双侧）		0.025	0.002
转型升级情况	Pearson 相关性	0.151*	1	0.865**
	显著性（双侧）	0.025		0.000

续表

产品升级情况	Pearson 相关性	0.210**	0.865**	1
	显著性（双侧）	0.002	0.000	
注：**、* 分别代表 5%、10% 显著性水平				

由表 4-26 所示，检验结果显示科技经费支出与转型升级总情况的相关系数为 0.151，小于 0.3，表示两变量为低度线性相关，显著性水平为 0.036，小于 0.05，否定了两者不相关的假设。因此，科技经费支出与转型升级情况有正相关关系，这说明随着科技经费支出的增加，企业的转型升级情况就做得更好。

科技经费支出与企业产品升级情况的相关性系数为 0.210，小于 0.3，表示两变量为低度线性相关，显著性水平为 0.036，小于 0.05，否定了两者不相关的假设。因此，科技经费支出与转型升级情况有正相关关系，可以认为随着科技经费支出的增加，企业的产品升级情况就越好。

从以上结果可以看出，科技经费支出与企业产品升级情况的相关性系数为 0.210，科技经费支出与转型升级总情况的相关系数为 0.151，0.210 > 0.151，这说明科技经费支出与企业产品升级的线性关系较转型升级情况显著，科技经费支出与转型升级情况中的产品升级相关性更大，企业在科技经费支出后，对产品的转型升级方面做得较多，情况较好。企业创新能力对企业转型升级，尤其是产品升级影响较大，这表明企业创新能力对企业转型升级存在一定促进作用。

4.2.3 转型升级分类模型的检验与分析

1. 变量的测定

在前面层次分析法和单因素检验的基础上，发现企业内部管理和企业创新等与企业转型升级之间存在较高的相关性，但还不能以此证明企业内部管理和企业创新等与企业转型升级存在必然联系。这是因为企业实施转型升级除了受这些因素影响之外，还受到政府行为等外部因素影响。因此，为了分离其他经济变量的干扰，研究主要变量的影响，需要借助模型通过控制相关变量对引起被解释变量变化的诸因素进行分析，并观察诸因素系数的显著性。下面通过构建多元线性回归模型控制相关变量检验企业转型升级与其影响因素之间的联系，在此之前需要确定模型的变量。

因变量的选择。调查问卷中针对企业转型升级主要在产品升级、市场开拓、产业转型和内部管理 4 个方面进行观察，并且将上述 4 个方向细化为 16 个小项。将产业转型与内部管理的总值作为转型总值，产品升级与市场开拓的总值作为升级总值，将 4 项的综合总值作为转型升级总值。这样就将问卷中 4 个分类子项分为企业转型（DS_A）、企业升级（DS_B）和企业转型升级（DS）三个分组。

自变量的选择。首先是内部管理，衡量企业内部管理水平的指标通常分为信息化管理水平、员工整体素质、企业负责人学历；企业规模，以资产投入作为企业规模的衡量指标；创新能力，以研发支出作为衡量指标。其次考虑到对外贸易对我国经济的重大影响，从两个角度考察对外贸易对企业实施转型升级行为的影响效应：一个是出口交货值，另一个是出口目的地。考虑到政府行为的影响，选取了两个角度进行考察，一个是税费减免，另一个是财政扶持。并且对于资产投入、出口交货值、研发支出等连续性变量进行划分等级打分法。

2. 模型的设定

根据本次调查的研究思路，将计量模型设定为多元线性回归模型，模型如下：

$$y = \beta_0 + \beta_1 x_1 + \beta_2 x_2 + \cdots + \beta_k x_k$$

上式中，β 为一固定值，x 表示选取的自变量：出口交货值（JH），出口目的地（CK），固定资产（ZC），信息化管理水平（GL），员工整体素质（SZ），企业负责人学历（XL），研发支出（YF），税费减免（SF），财政扶持（CZ）。把转型总值 DS_A，升级总值 DS_B 转型升级总值 DS 作为因变量。

3. 检验与分析

（1）变量筛选

使用步进（准则：F-to-enter 的概率 < =0.050，F-to-remove 的概率 > =0.100）的方法进行逐步回归模拟筛选过程（变量的引入和剔除过程）。引入变量建立模型。发现没有变量的剔除，因此说明自变量及其组合对中小企业转型、升级和转型升级都存在显著影响。

（2）回归系数检验

如表 4-27、表 4-28 所示是回归模型的方差分析表。结果显示概率 P 值 0.000 小于显著性水平 0.05，所以该模型具有统计学意义，即自变量及其组合与因变量之间的线性关系是显著的。下面对分类模型进行检验和分析。

表 4-27　多元线性回归系数表

模型	1	2	3	4	5	6
因变量	DS_A	DS_A	DS_A	DS_A	DS_A	DS_A
常数项	2.357（0.122）***	2.271（0.221）***	1.041（0.290）***	2.537（0.186）***	2.434（0.104）***	1.095（0.358）***
JH	−0.010（0.085）					−0.004（0.082）
CK	0.292（0.181）					0.170（0.177）

续表

模型	1	2	3	4	5	6
ZC		0.063 （0.063）**				0.008 （0.061）**
GL			0.195 （0.060）***			0.178 （0.063）**
SZ			0.334 （0.103）***			0.345 （0.106）***
XL			0.171 （0.095）*			0.181 （0.099）*
SF				0.052 （0.078）		−0.010 （0.076）
CZ				−0.111 （0.087）		−0.046 （0.084）
YF					0.132 （0.150）	−0.074 （0.148）
R2	0.009	0.000	0.121	−0.002	−0.001	0.106
F	2.014	1.006	10.989	0.821	0.769	3.862

注：表中括号内数据为回归系数标准差；***、**、* 分别代表1%、5%、10%显著性水平

表 4-28　多元线性回归系数表

模型	7	8	9	10	11	12	13
因变量	DS_B	DS_B	DS_B	DS_B	DS_B	DS_B	DS
常数项	2.908 （0.165）	3.070 （0.301）***	0.913 （0.386）**	2.883 （0.253）***	2.990 （0.139）***	0.894 （0.468）*	0.108 （0.262）***
JH	0.075 （0.114）					0.036 （0.108）	−0.016 （0.060）
CK	0.395 （0.244）					0.287 （0.231）	0.246 （0.130）**
ZC		0.030 （0.086）**				0.076 （0.080）**	0.341 （0.045）**
GL			0.274 （0.080）***			0.237 （0.083）***	0.112 （0.046）**
SZ			0.530 （0.137）***			0.519 （0.139）***	0.167 （0.078）**
XL			0.292 （0.127）**			0.251 （0.130）*	0.205 （0.073）***
SF			0.180 （0.106）*			0.054 （0.100）	0.057 （0.056）
CZ			−0.060 （0.118）			0.043 （0.110）	0.028 （0.061）

YF					0.638 （0.200）***	0.327 （0.194）*	0.810 （0.109）***
R2	0.025	−0.004	0.158	0.004	0.041	0.170	0.344
F	3.749	0.120	14.634	1.487	10.224	5.944	12.187

注：表中括号内数据为回归系数标准差；***、**、* 分别代表 1%、5%、10% 显著性水平

（3）影响程度分析

企业内部管理角度观察分类模型结果，从表 4-13 和表 4-14 可以看出，无论是企业转型分组还是企业升级分组，信息化管理水平（GL）、员工整体素质（SZ）和企业负责人学历（XL）均表现出一致性，回归系数在所有分组模型中都是显著为正的。这反映了企业的内部管理在企业转型或者企业升级中表现显著的正效应，这与前面结果大致相同，进一步说明了内部管理在企业转型升级中的重要性。只有内部管理情况越好，才越能实现企业的转型与升级，内部管理是企业转型升级的根本所在。

企业资产投入角度观察分类模型结果，从表 4-27 和表 4-28 可以看出，无论是企业转型分组还是企业升级分组，固定资产（ZC）回归系数在所有分组模型中都是显著为正的，表明企业的资产投入对转型升级具有明显的促进作用。这也正与前面结果大致相同，进一步说明了企业资产在企业转型升级中的重要性。企业的固定资产投资越多，企业的再生产运动就越活跃，就越有利于企业转型升级。

企业对外贸易角度观察分类模型结果显示，出口目的地（CK）对制造型中小企业的转型升级作用显著，从表 4-28 模型 13 证实了这一点。而出口交货值（JH）与前面结果相似对企业转型与升级的作用并不明确，企业单纯依靠出口数量扩张不利于企业转型升级甚至可能出现负向效应。但出口发达地区有利于促进企业转型升级，所以制造型中小企业更应该关注于质（高技术、高含量）产品的出口。

从企业创新角度观察分类模型结果，企业的研发支出（YF）在对企业的转型、升级和转型升级的模型中变量符号有正有负且都不显著，说明企业的创新投入效果不是很好，可能是因为在政府财政扶持影响下，企业存在投机行为等。而在对企业升级的模型 10、模型 12 和模型 13 中是显著的，说明企业的创新对企业转型升级具有一定的帮助作用。

在政府行为效果方面，结果表明政府财政扶持（CZ）在对企业的转型、升级和转型升级的模型中变量符号有正有负且都不显著，税费减免（SF）在对企业的转型和转型升级模型中的变量符号有正有负且都是不显著的，而在对企业升级的模型 9 中税费减免是显著的，这表明税费减免对企业的升级具有一定的促进作用。税收优惠具有高度的政治灵活性，一般采取法律法规的形式，执行成本低，作用效果广，能合理地降低技术创新等方面的成本，增强企业转型升级的主动性，从而影响转型升级的速度。因此尽管作用效果并不很大（从数值上看并不明显），但对于企业转型升级信心的作用不容置疑。

4.3　中小企业转型升级的行业分析

浙江省中小企业行业众多，各行业发展水平具有较大差异。本节运用因子分析法，选取规模、产值、资产等数据对中小企业转型升级在各行业中的情况进行分析，并得出行业总排名，数据来源于浙江省第四次经济普查。

用 SPSS 软件从 7 个方面对中小企业的各行各业进行转型升级优劣分析，分别为法人单位数、从业人员期末人数、女性人数、营业收入、资产总计、正常运行营业收入、正常运行资产总计。通过公因子方差、旋转因子变量过程得到两个公因子，如表 4-29 所示。

表 4-29　成分矩阵

	成分	
	1	2
法人单位数 / 个	0.928	0.262
从业人员期末人数 / 人	0.867	0.315
女性人数 / 人	0.875	0.306
营业收入 / 万元	0.964	0.161
资产总计 / 万元	0.246	0.968
正常运行营业收入 / 万元	0.965	0.161
正常运行资产总计 / 万元	0.234	0.971
提取方法：主成分分析法。　旋转方法：恺撒正态化最大方差法 a 旋转在 3 次迭代后已收敛		

通过结果分析，可以得到"行业规模与收入"和"资产"两个因子。

行业规模与收入因子主要在法人单位数、从业人员期末人数、女性人数、营业收入、正常运行营业收入上有很大载荷。这个因子用来解释中小企业的行业规模和收入状况，即行业规模与收入的因子得分较高，就可以直接说明该行业的发展规模较大和营业收入较高；反之行业规模和收入的得分较低或者呈现出负数，就可以说明该行业的发展规模较小和营业收入较低。

资产因子主要在资产总计、正常运营资产总计上有很大载荷。此因子主要用来解释中小企业的行业资产状况，即资产因子得分较高则说明该企业资产较高，资产状况健康；反之则说明该行业资产较低。

通过行业因子分析，对其进行综合评价，得到行业的总得分 F 并得到排名。由 $F1$、$F2$ 的方差百分比得到方程：

$$F=0.62205*F1+0.31333*F2$$

由方程得到浙江省中小企业各行业的总得分和排名如表 4-30 所示。

表 4-30　行业得分排名

行业	因子（F1）	因子（F2）	总得分	排名
制造业	3.02571	0.92048	2.17	1
租赁和商务服务业	−0.77387	3.23702	1.23	2
批发和零售业	2.13081	−0.31392	0.53	3
房地产业	−0.70117	1.36717	−0.01	4
建筑业	−0.06603	−0.32182	−0.14	5
水利、环境和公共设施管理业	−0.4784	0.06269	−0.21	6
金融业	−0.46212	0.01112	−0.23	7
交通运输、仓储和邮政业	−0.22001	−0.2352	−0.25	8
科学研究和技术服务业	−0.20093	−0.39206	−0.28	9
信息传输、软件和信息技术服务业	−0.11498	−0.50352	−0.28	10
电力、热力、燃气及水生产和供应业	−0.31583	−0.37756	−0.31	11
文化、体育和娱乐业	−0.26946	−0.51386	−0.33	12
住宿和餐饮业	−0.24285	−0.57081	−0.33	13
居民服务、修理和其他服务业	−0.26955	−0.5931	−0.35	14
采矿业	−0.34619	−0.58289	−0.4	15
卫生和社会工作	−0.34553	−0.59574	−0.4	16
农、林、牧、渔业	−0.3496	−0.59801	−0.4	17

因子 1 中得分最高的是制造业、批发零售业，分别是 3.02 和 2.13，其他均为负数，其中租赁和商务服务业、房地产业最低。因子 1 主要反映的是中小企业的规模与收入，因此可以说明制造业、批发零售业这两个行业已经形成了一定的规模，收入也较高。

因子 2 中得分最高的是租赁和商务服务、房地产业、制造业，最低的是农、林、牧、渔业，卫生和社会工作，居民服务、修理和其他服务业，因子 2 主要反映的是中小企业各行业的资产状况，所以租赁和商务服务、建筑业、制造业得分较高也就说明其资产较高，相反得分低的行业资产低。

总得分位于前三的分别是制造业、租赁和商务服务业、批发和零售业，说明浙江省的中小企业中制造业发展得最好，是服务业的行业租赁和商务服务、批发零售发展得较好，得分最低的是卫生和社会工作，采矿业，农、林、牧、渔业，三个产业都有涉及。从总体得分来看，第二产业占据主导地位，行业发展情况较好，第三产业的科技、信息、文娱、服务等行业都有待提高。

第五章 中小企业政府扶持政策的现状

5.1 各地政府扶持中小企业政策情况

近年来，党中央、国务院针对中小企业经营困难问题，出台了以税费为主题的中小企业扶持政策，各地方政府也制定了相应支持中小企业发展的各类细则，具体见表 5-1 所示。

表 5-1　各地政府扶持中小企业政策

方面	地区	政策内容
财政资金支持	郑州	从 2012 年起，市财政支持中小企业发展专项资金由 3 000 万元增加到 5 000 万元。各县区、市也要设立小型微型企业支持资金
	宁波	在整合部分工业调整转型专项资金用于产业链扶持的基础上，市本级财政 2012 年起 3 年内每年新增安排 2 000 万元共同设立产业链培育资金
	成都	从 2011 年起，市财政每年新增 5 000 万元中小企业发展专项资金。各市、区、县也要增加微型企业扶持资金
开拓市场的政策支持	武汉成都	对首次利用经认定的电子商务平台开展商务活动的，给予不超过年费用 50% 的一次性补助
	宁波	在保持并优化外贸专项资金的基础上，2012 年市本级财政再增加 3 000 万元，用于增加对企业出国（境）参展和出口信用保险费用的补助
	郑州	鼓励小型微型企业自主创新，创建自有品牌，对获得国家名牌的奖励 50 万元人民币，获得中国驰名商标的奖励 60 万元人民币
缓解融资难的政策	郑州	银行及小额贷款公司年度对小型微型企业贷款总额每增加 5 000 万元，将给予 10 万元奖励，单户奖励最高不超过 50 万元
	成都	大力推广"社区金融模式"和"资金池"融资模式。对各区县设立的不低于 300 万元的微型企业资金池，一次性给予 50 万元的扶持资金，用于微型企业融资增信。银行及小额贷款公司年度微型企业贷款总额每增加 2 000 万元，给予 10 万元奖励，单户奖励最高不超过 50 万元
	武汉	对运作规范、成效显著的融资代理服务机构，经认定后可给予不超过 20 万元的一次性奖励
	宁波	禁止存贷挂钩，禁止一切不合理收费，禁止搭售金融产品，禁止向民间借贷中介机构融资，禁止将银行自身考核指标压力转嫁给企业。开展金融专项检查，银监局要加强监管和查处力度，实行举报奖励制度

方面	地区	政策内容
缓解融资难的政策	合肥	禁止商业银行对小微企业收取手续费和承诺费、资金管理费，严格限制商业银行向小微企业收取财务顾问费、咨询费等费用
用工保障政策	武汉成都	以微型企业为主要对象，对符合条件的创业者，按照相关政策规定实施免费创业培训或给予创业培训补贴和一次性创业补贴；对微型企业员工实施在岗职业培训和职业技能鉴定，对符合条件的人员，给予职业培训补贴和职业技能鉴定补贴
	合肥	对本市各类职业学校和技工院校组织当年毕业生（学制 1 年以上），到本市小微企业就业并签订 1 年以上劳动合同、用人单位足额缴纳社会保险费的，经审核确认后，由市财政按照每人 300 元的标准给予一次性补贴

5.2 中小企业对政府服务的主要诉求

本节在政府扶持政策的基础上从企业需求视角出发，对中小企业对政府的减税和减少行政收费的意愿进行调查，样本与第二章调查企业一致。

结果表明有 28.8% 的企业认为应进一步减轻房产税及土地使用税，其次是所得税占比 28.0%，增值税占比 21.9%；在政府性基金减免上，水利基金企业选择最多，占比 22.0%，其次是残保金占比 18.0%，教育费附加占比 17.5%，城市基础设施配套费占比 7.67%；在审批服务性收费方面环保检测费选择最多，占到 16.1%，其次消费检测费占到 12.6%，另外有防雷检测费占比 8.0%，图审费占比 6.7%。这都表明了中小企业的经营成本较高，生存空间较窄。

5.2.1 一般性税费方面

"认为应减轻或者不合理的税费（税）"，对增值税、所得税、房产税及土地使用税、其他税费四个方面进行了调查，结果如图 5-1 所示。

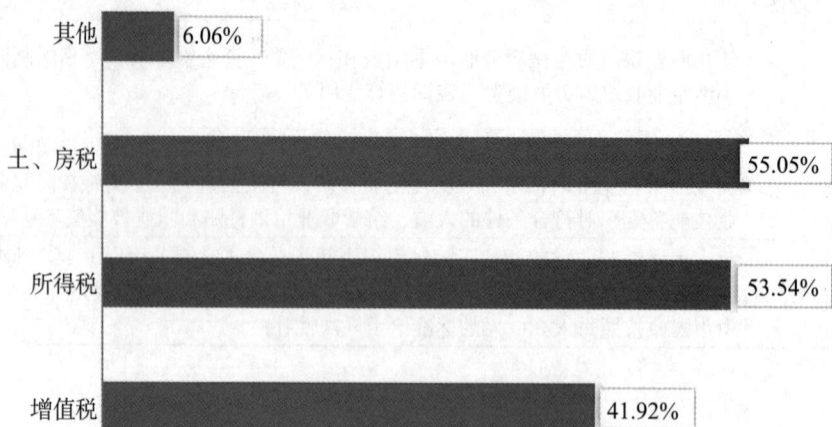

图 5-1　中小企业对税费（税）的主要诉求

从图 5-1 可知，有 55.05% 的企业选择了房产税及土地使用税，其次是所得税 53.54%。增值税 41.92%，最后是其他 6.06%。4 个选项中，同时选择 2 种以上认为应减轻或不合理的税费占总数的 21%，表明企业对于税费的减免意愿较为强烈。

5.2.2 政府性基金方面

"认为应减轻或者不合理的税费（政府性基金）"，对水利基金、教育费附加、残保金等五个方面进行了调查，调查统计结果如图 5-2 所示。

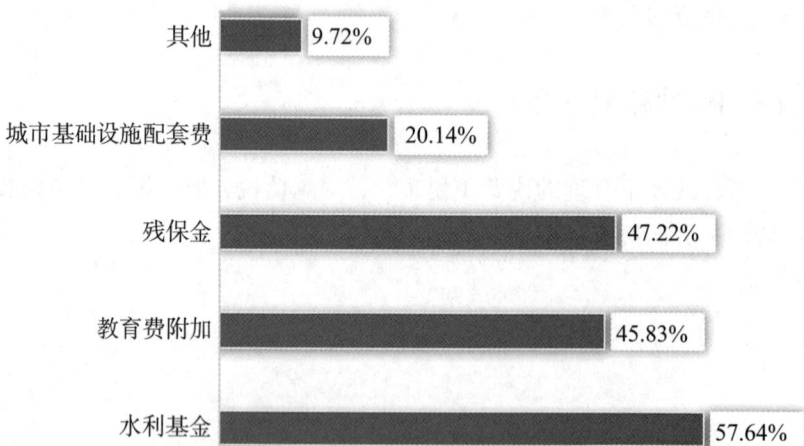

图 5-2　中小企业对政府性基金的主要诉求

从图 5-2 可知，水利基金企业选择最多，占比 57.64%，其次是残保金占到 47.22%，教育费附加 45.83%，另外有城市基础设施配套费 20.14%。由此可以认为企业对水利基金、教育费附加、残保金的收费方面具有较强烈的减免或者认为不合理的意愿。

5.2.3 审批服务性收费

"认为应减轻或不合理的税费（审批服务性收费）"，对防雷检测费、图审费、消防检测费等五个方面进行分析，调查统计结果如图 5-3 所示。

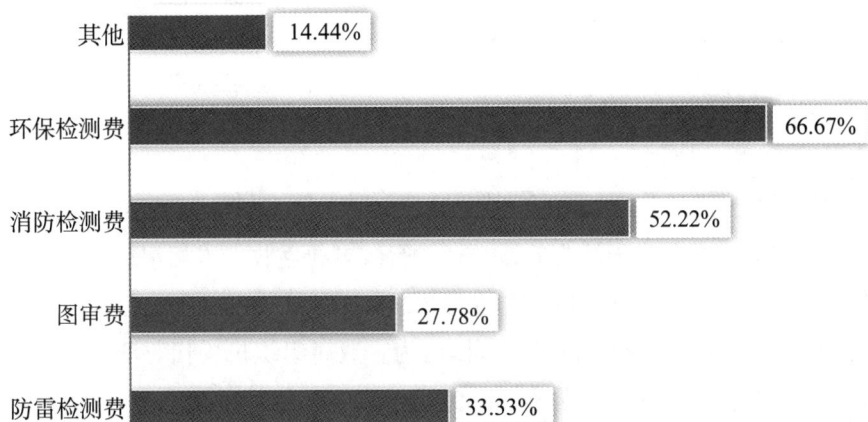

图 5-3   中小企业对审批性服务性收费的主要诉求

从图 5-3 可知，认为应该减轻的审批服务性收费方面对于环保检测费选择最多，占到 66.67%，其次消费检测费占到 52.22%，另外有防雷检测费 33.33%，图审费 27.78%，其他 14.44%。由此表明对环保检测费、防雷检测费、图审费的收费方面企业具有较强烈的减免或者认为不合理的意愿。

5.2.4 行政事业性收费

"问题认为应减轻或不合理的税费（行政事业性收费）"，对土地登记费、房屋使用权登记费、白蚁防治费等方面进行调查，调查统计结果如表 5-2 所示。

表 5-2　中小企业对行政事业性收费的主要诉求

行政事业性收费方面的诉求			
土地登记费	20.79%	货物原产地证明书费	12.87%
房屋所有权登记费	24.75%	产品质量监督检验费	16.83%
白蚁防治费	26.73%	工业产品生产许可证收费	13.86%
水土保持设施补偿费	8.91%	计量收费	8.91%
水土保持设施补偿费	2.97%	组织机构代码证书收费	35.64%
专利收费	16.83%	出入境检验检疫收费	17.82%
商标注册收费	10.89%	环境监测服务费	19.80%
进口货物滞报金	9.90%	测绘成果成图资料收费	6.93%
知识产权海关保护备案费	3.96%	政府信息公开收费	16.83%
ATA 单证册费	5.94%	其他	10.89%

从表 5-2 可知，企业对于认为应该减轻的行政事业性收费方面组织机构代码证书收费选择最多，占比 9.65%，其次白蚁防治费 7.24%、房屋所有权登记费 6.7%，专利收费 5.63%，产品质量监督检验费 4.56%，可以认为企业对组织机构代码证书收费、房屋所有权登记费、白蚁防治费具有较强烈的减免或者认为不合理的意愿。

5.2.5 其他

除了一般的税费、政府性基金、审批服务性收费、行政事业性收费，还对其他的税费，如社保费、住房公积金等进行了调查，结果如图 5-4 所示。

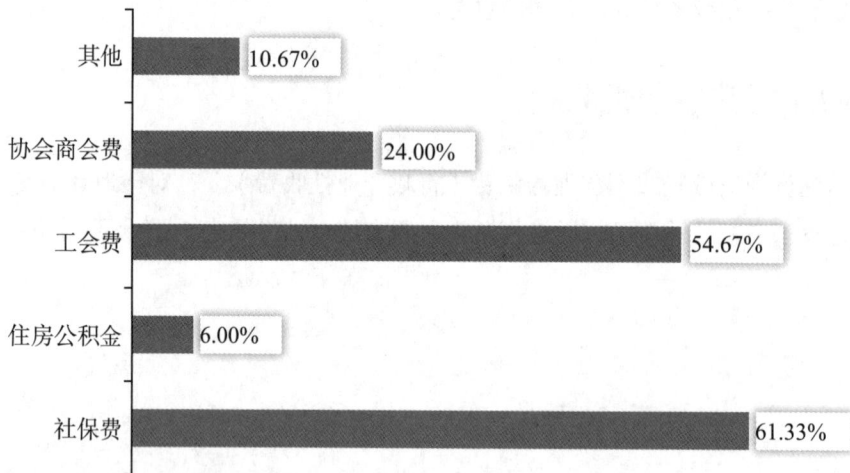

图 5-4　中小企业对税费（其他）的主要诉求

如图 5-4 所示，在其他希望减免的税费中，企业选择最多的前三项首先是社保费，占 61.33%，其次是工会费 54.67%、协会商会费 24.00%，由此表明企业有强烈的意愿认为社保费、工会费的收费不合理。

综上所述，虽然政府陆续地推出了一系列扶持政策，但是企业对减税意愿仍然较强烈，政府应重新制定或者修改现有的扶持政策，如减轻社保负担，降低缴费率、增加补贴，扩大缴纳面，提高经办的服务效率。降低所得税、增值税，减轻企业的税费负担。政府可以加大实施力度，把房产税及土地使用税按30%征收改为免征房产税及土地使用税；社保费减免1个月，改为减免3个月等。

5.2.6 需要提供的社会扶持

本次调查从8个需要专家帮助诊断的需求进行了调查，涵盖经营管理信息化建设、电子商务应用、融资方案、政策筹划等，结果如表5-3所示。

表 5-3　需要专家帮助的领域

需要专家帮助诊断的领域			
研发费加计扣除所得税	8.58%	融资方案	7.77%
经营管理信息化建设	10.46%	产品设计创意	10.19%
电子商务应用	8.85%	政策筹划	8.85%
生产线智能化改造	11.53%	无所谓	14.75%
债权债务处置	4.02%	其他	1.88%

从表5-3可以看出，企业需要专家帮助诊断的有生产线智能化改造，占11.53%；经营管理信息化建设，占10.46%；产品设计创意，占10.19%；电子商务应用与政策筹划均为8.85%；而无所谓却高达14.75%。这表明企业经营总体比较封闭，对借助外力创新发展的观念不够重视。

5.3　扶持政策的问题分析

依据七大类政策分类标准，运用文献分析法和专家咨询法对2006年以来推进工业经济转型升级的相关政策文件进行归纳梳理。综合战略类12个、产业结构类20个、产业技术类21个、产业组织类6个、产业布局类9个、要素倒逼类52个和服务支撑类29个。要素倒逼类政策和服务支撑类政策成为产业政策的主力，两者之和占产业政策的比重达到55%。如图5-5所示。

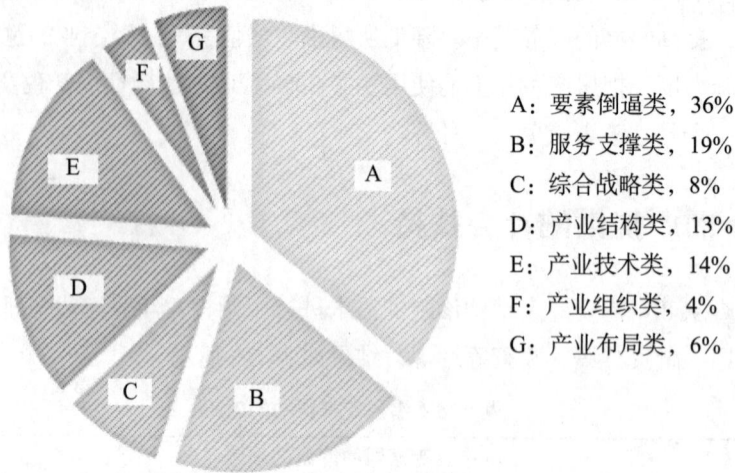

A：要素倒逼类，36%
B：服务支撑类，19%
C：综合战略类，8%
D：产业结构类，13%
E：产业技术类，14%
F：产业组织类，4%
G：产业布局类，6%

图 5-5　政策分类统计情况

近几年来，政府出台的一系列政策大致可归纳为减免税费、金融服务和社会扶持等方面。但是政府出台的政策和企业的需求存在部分差异，具体体现在以下几个方面。

5.3.1 惠政措施落实情况分析

1.税费减免力度不够大

调查发现，大多数享受的政策集中在税费减免，而其中又以社保福利费和水利基金减免为主，而对税费减免的其他政策享受情况都较差，像审批行服务收费、行政事业收费、高新技术企业等减免优惠享受情况均不足 10%，分别为 8.47%、7.41% 和 8.73%，研发费加计扣除和房产税及土地使用税优惠也仅分别有 14.81% 和 13.76% 的企业享受，其中调查发现享受情况少的原因主要是相当多的企业是靠租赁厂房，说明税费减免政策的总体落实情况一般。如图 5-6 所示。

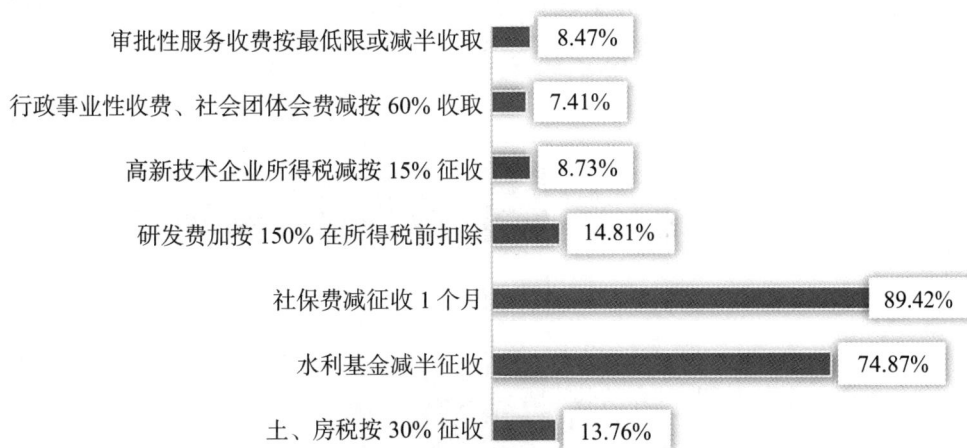

图 5-6　税费减免情况

2. 财政扶持享受面较窄

图 5-7 调查结果显示，在财政扶持方面，新上规奖励政策落实得相对较好，尤其是对宁波市区的奖励落实达到 81.22%，而宁波县（市）区的新上规奖励仅有 48.68%，失业保险按 50% 补贴享受的企业最少，仅占 8.73%，这表明政策总体的享受情况一般。

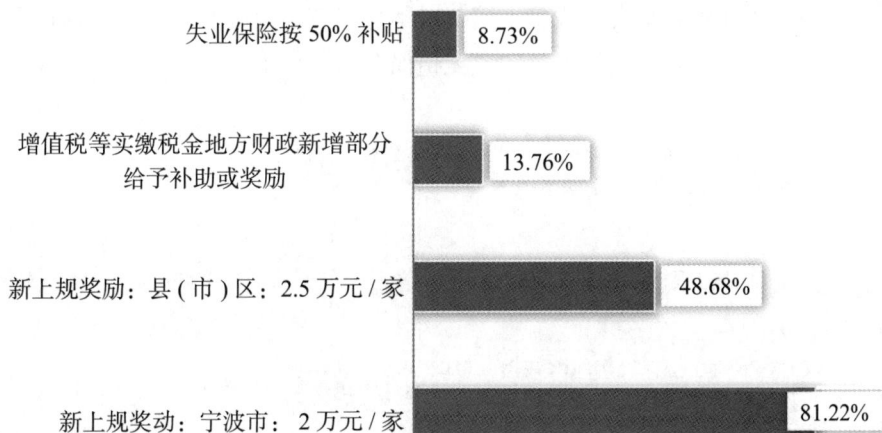

图 5-7　财政扶持情况

图 5-8 调查结果显示,在市场开拓方面惠企政策的享受情况较差,参加政府采购扣除不超过 10% 的价格、参加中博会或 APEC 展会费 50% 补助的均不足 10%,分别只有2.38%、7.41% 的企业表示享受到此政策,这表明市场拓展优惠政策的有效性不佳、享受面较窄。

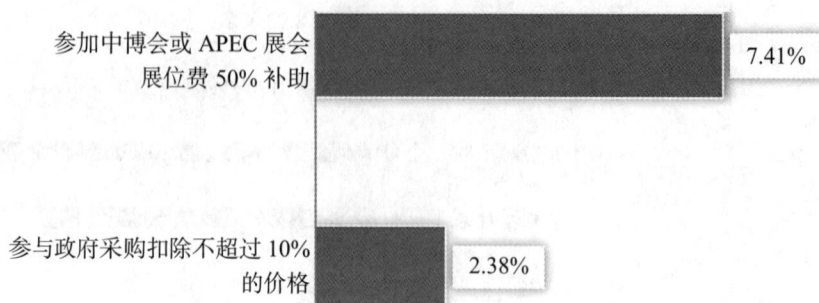

参加中博会或 APEC 展会
展位费 50% 补助 ━━━━ 7.41%

参与政府采购扣除不超过 10%
的价格 ━━━━ 2.38%

图 5-8　市场拓展情况

3. 金融服务不到位

图 5-9 调查发现,四分之三企业仍有资金缺口,近三成企业的贷款满足率低于70%,其中仅有 11.6% 的企业通过政府帮助成功获得贷款,而对于"七不准"规定也仅有 35.19% 的企业能享受,说明享受融资政策的企业较少,政策的落实情况较差。在利率政策上中小企业很难享受到优惠,信贷成本仍然较高,因此中小企业的融资贷款依然较难,主要原因依然是"缺抵押"和"无担保"。

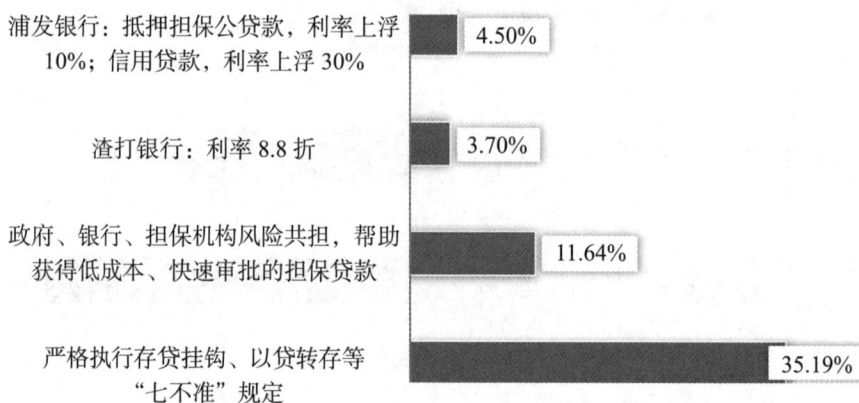

浦发银行:抵押担保公贷款,利率上浮
10%;信用贷款,利率上浮 30% ━━━━ 4.50%

渣打银行:利率 8.8 折 ━━━━ 3.70%

政府、银行、担保机构风险共担,帮助
获得低成本、快速审批的担保贷款 ━━━━ 11.64%

严格执行存贷挂钩、以贷转存等
"七不准"规定 ━━━━ 35.19%

图 5-9　融资情况

综上所述,优惠政策的落实情况一般,企业享受面较窄,有效性不强。政策享受门槛较高,而中小企业由于财务制度不完善、财务数据不完整,很难达到扶持标准。且由于政府、银行、企业三者信息的不对称,政府对中小企业的扶持政策只注重出台,而忽略了政策的落实,且由于扶持政策较多,如若同时执行,财政部门资金不足,政策落实存在一定困难；甚至造成企业对外消息封闭，对政府政策不了解，特别在一些申报方式和申报手续上烦琐，造成部分中小企业不愿进行申报，也间接导致享受面不广。

5.3.2 政策问题分析

根据调研结果发现，浙江省中小企业目前面临的主要问题是税费负担重、融资困难、信息化水平低、人员流动性大等。政府方面的影响因素，如税费政策、融资政策和信息化服务等，与中小企业的生存息息相关，很大程度上影响着中小企业的生存与发展，也是中小企业对政府服务最直观的感受；企业本身方面，由于受我国自古以来从业观念的影响，加上中小企业相对缺乏稳定性、就业条件和福利待遇较差等现实原因，中小企业的创业者和从业者，文化知识水平和综合素质都普遍偏低，缺乏创新意识，人员流动性大，这种状况的改善需要政府及相关部门的引导与支持；政策工具方面，建设服务型政府、有针对性的政策制定和有效的政策执行会为浙江省中小企业的长期健康发展营造一个更加良好的环境。

因此影响政府扶持政策下中小企业转型升级的主要因素可归纳为政府因素和企业因素两个方面。政府因素包括税费政策、融资政策和信息化服务。企业因素包括人员知识水平、对外贸易、创新能力和财务状况。

近年来，浙江省针对中小企业出台和实施了一系列的税收优惠政策，如提高中小企业增值税和营业税起征点，将中小企业减半征收企业所得税政策时间延长、范围扩大。对经营困难、符合转型升级要求的中小企业，经财税部门批准，可一次性交 3 个月税款，可减免中中小企业城镇土地使用税、房产税、水利建设专项资金、职教经费 3 个月。小额贷款公司缴纳的所得税地方留成部分和营业税 3 年内由同级财政给予全额补助。这些实实在在的税收优惠政策给部分中小企业带来了实惠，减轻了企业一部分经济负担。但由于各种原因，享受到税收优惠政策的中小企业还只是少数。

大多数享受的政策集中与税费减免，而其中又以社保福利费和水利基金减免为主，像审批行服务收费、行政事业收费、高新技术企业等减免优惠享受情况均不足 10%，分别为 8.47%、7.41% 和 8.73%，研发费加计扣除和土房税优惠也仅分别有 14.81% 和 13.76% 的企业享受。特别是土房税，相当多的中小企业是靠租赁厂房，该项政策的覆盖极为有限。部分享受到税收优惠政策的企业也表示享受到的优惠有限，对企业效益增加影响不够显著。中小企业负责人表示希望政府及相关部门继续加大扶持力度，扩大税费优惠政策覆盖面等。

绝大部分中小企业的经营资金来源为自有资金，只有小部分中小企业获得银行贷款。许多中小企业负责人纷纷表示，对目前的融资平台及融资渠道不太满意，存在融资渠道单一、融资门槛高、费用高、手续烦琐等现象，往往急需资金时由于不符合各种条件无法及时申请到贷款，呼吁政府及有关部门搭建有效的融资平台、拓宽融资渠道，最好是能针对中小企业自身特点。

浙江省近来一直在积极为中小企业搭建新型有效的融资平台、拓宽融资渠道和出台融资政策，但由于种种现实原因，效果不是很理想。一方面，由于金融机构大都对保障本机构资金的安全性考虑较多，对企业的贷款条件与要求都比较高，大都要求有抵押品，而许多中小企业恰恰固定资产少、缺少抵押品，审批手续烦琐，准入门槛和交易成本过高，使得企业望而生畏；另一方面，中小企业诚信体系建设还很不完善，经营规模较小、管理与制度普遍不太健全，有的中小企业为了避免或少缴纳税费、享受优惠政策，有意隐瞒企业的真实经营和财务状况，给银行信贷管理与审批工作带来很大的困难。

浙江省中小企业规模小、底子薄、企业负责人目光不够长远、信息化水平普遍偏低。目前，浙江省政府对企业提供的信息化服务还很有限，政企之间缺乏相互有效的沟通，导致出现企业不了解政府给予的相关政策支持和服务、政府不了解企业的真实情况和需求的不良局面。特别是中小企业的企业负责人和从业人员，缺乏先进的管理知识和专业技能，对瞬息万变的市场缺乏最基本的掌控能力。中小企业负责人不了解新技术的引入渠道，缺乏资金时对融资政策毫不知情，人才培养几乎空白，造成转行、消亡快等不良现象。因此地方政府需要拓展便捷有效的渠道进行信息交流，让企业真正享受到政府提供的及时有效的信息化服务。

第六章 中小企业扶持政策的效果

6.1 政策效果的单因素分析

扶持政策的效果评估是检验政府政策效能的手段，是提升政府政策效果、优化治理模式的有效途径。因此，本书通过单因素分析法对以下扶持政策进行分析。如表6-1所示是本节研究的主要政策对转型升级的影响结果。

表6-1 政策对转型升级的影响

研究的政策	转型升级的影响
房产税及土地使用税减按 30% 征收	无
研发费加计扣除	有
新上规奖励：2 万 ~ 5 万元 / 家	无

6.1.1 房产税及土地使用税政策对转型升级的影响不显著

运用独立样本 T 检验房产税及土地使用税减按 30% 征收是否与转型升级有相关性。结果显示该检验 F 统计量的观察值为 0，对应的概率 P 值为 0.986，因为系统默认显著性水平 α 为 0.05，$P > 0.05$，因此要看假设方差相等的 T 检验结果。T 统计量的观察值为 1.723，对应的 P 值为 0.086，大于 0.05，因此认为两者的均值在统计意义上无差异。

结果说明是否享受土、房税减按 30% 征收这一优惠政策对中小企业转型升级无影响。

6.1.2 研发费加计扣除对转型升级的影响较小

运用独立性 T 检验研发费加计扣除是否与转型升级情况有相关性。结果显示该检验 F 统计量的观察值为 0.008，对应的概率 P 值为 0.931，因为系统默认显著性水平 α 为 0.05，$T > 0.05$，因此要看假设方差相等的 P 检验结果。T 统计量的观察值为 1.963，对应的双尾概率 P 值为 0.050，等于显著性水平 0.05，因此可以认为两者的均值在统计意义上有差异。

结果说明是否享受研发费加计扣除这一优惠政策对中小企业转型升级有较大的影响，也间接表明了这一政策对企业有较大的吸引力，能促进企业研发新产品，促进企业的转型升级。

6.1.3 新上规奖励对转型升级的影响不显著

运用独立性 T 检验为新上规奖励 2 万元 / 家是否与转型升级情况有相关性。结果显示该检验 F 统计量的观察值为 0.518，对应的概率 F 值为 0.472，因为系统默认显著性水平 P 为 0.05，$\alpha > 0.05$，因此要看假设方差相等的 T 检验结果。P 统计量的观察值为 –0.594，对应的双尾概率 P 值为 0.553，大于显著性水平 0.05，因此认为两者总体的均值在统计意义上无差异，说明这两者总体方差无显著性差异。这表明是否新上规奖励 2 万元 / 家这一优惠政策对中小企业转型升级没有影响。

6.1.4 三大政策总体作用对转型升级的影响不显著

为了解三大政策综合考虑是否与转型升级情况有关系，进行多因素方差分析。结果显示该检验 F 统计量的观察值为 0.686，对应的概率 P 值为 0.799，大于显著性水平 0.05，因此认为在统计意义上无差异，这表明三大政策综合考虑对中小企业转型升级仍没有影响。

综上所述，研发费优惠政策对企业转型升级有一定影响，房产税及土地使用税、新上规奖励对企业转型升级无影响，说明这三大优惠政策对转型升级影响较小。房产税及土地使用税减按 30% 征收只是减轻企业的税费负担，对于扶持中小企业转型升级作用不显著；研发费加计扣除对转型升级有一定影响，说明研发费政策能够鼓励中小企业进行科技创新，带动中小企业转型升级；新上规奖励对中小企业转型升级无影响，说明中小企业并未把奖励的资金进行再投入生产与转型升级。

6.2 政策工具激励的网络效应

传统经济学理论认为，市场中有大量独立决策的企业个体，可以用效用函数描述其决策依据。在实际中，企业在转型升级决策中不仅依据自身的效用函数，还受与之关联企业的影响。在转型升级决策中，一个潜在的转型升级决策企业，一方面要依据自身在行业内的积累和所处的地位对是否要转型升级进行决策；另一方面要根据同行企业在竞争中所给予的压力。攀比理论认为，个体进行转型升级决策并不因为自身对收益成本的计算，而是因为其周边已采纳这种转型升级决策的个体数量达到一定比例而带来的压力，心理学家称为"企鹅效应"。因此，企业间的互相关联对转型升级决策有着重要影响。

企业作为独立的决策个体，转型升级决策主要受自身转型升级决策要素积累和外部环境的影响。外部环境包括市场竞争的同行企业以及政府的相关政策，因此企业的转型升级决策扩散是一种微观个体决策行为和互相影响下的整体涌现，具有明显的复杂系统特征。本书将基于企业微观决策与互相影响下的动力学扩散构建仿真模型，探索政府激励下企业微观个体与整体转型升级决策扩散间的关系，分析不同政策激励下扩散的广度和速度，为政府提供政策激励的理论依据和建议。

转型升级决策扩散研究起于 20 世纪 60 年代，由埃弗雷特·罗杰斯提出，侧重大众传播对社会和文化的影响。以社会学和传播学为主要学科，以模仿为主要特征，重点关注了宏观层面的扩散速度和范围，以简单个体决策结果的加总反映整体扩散现象。营销学将信息交流作为转型升级决策扩散的主要驱动力，对新产品的扩散进行了相关研究；经济学从经济增长的角度对转型升级决策扩散进行了关联分析，但其假设多为同质化个体，以 BASS 模型为基本代表。BASS 模型以社会传媒和人际关系研究扩散速度，发现采纳者数量呈"S"形趋势，与时间呈倒"U"形，随后从市场变化、多技术产品及特征等方面进行拓展，完善了 BASS 模型的理论解释。然而基于个体特征一致性的假设与现实相去甚远，且 BASS 模型不能很好地反映微观个体的决策过程，因此基于个体异质化特征的阈值模型开始发展，从个体偏好、转型升级决策评价、转型升级决策成本等方面考虑个体受环境影响的决策，特别是 20 世纪 90 年代的元胞自动机、智能体仿真等模型的发展为微观层面的行为演化提供了较好的分析范式。近年来，社会网络成为个体决策影响的视角，认为通过个体间的关系形成网络结构（节点连接、拓扑结构等），并通过关系的强弱作用于互相决策影响。Ferenc Kun 等通过元胞自动机模拟社会经济系统中的技术传播，认为复制和模仿是技术传播的关键因素，Leonardo Bargigli 通过随机网络分析经济系统中个人与整体的互动影响方式，发现个体的激励方式是影响的重要因素，李丹丹等通过对 Facebook 和 Pok 社交网络中的流言传播过程研究发现，政府惩罚和提高个人敏感度可以控制流言的传播。因此企业转型升级决策扩散的动力不仅来源于内部，还有来自外部的推动，其影响因素较多，包括市场竞争带来的威胁、先行采纳转型升级决策的企业数量、企业间的空间距离、公共品供给、产品品牌影响力以及政府对企业的政策支持，主要体现在转型升级决策的扩散范围和速度上的影响。交易成本理论认为，企业的边界在于扩张带来的收益与成本的关系，这表现为政策激励不仅会降低企业的转型升级决策阈值，提高转型升级决策的企业数，还会在激励较大的情况下增加企业机会主义风险，这将对企业转型升级决策形成复杂影响。

6.3 政策激励下的转型升级决策扩散演化

6.3.1 企业群体描述

在一个由若干中小企业组成的经济系统中，有些企业间存在一些互相关联，比如上下游企业间的业务往来，同行企业间的竞争关系，但并非所有企业都存在直接关联，可能部分联系会通过若干中间企业产生影响，设企业整体规模为 $N=n \times n$，表示具有 N 家企业的分布网络。

1. 企业个体分类

Rogers 早在 20 世纪 60 年代就提出转型升级决策对象包括 Innovator、Early Adopters、Early Majority、Late Majority 和 Laggards，而阈值模型也坚持网络个体的异质性特点，因此本书将两者理论结合进行企业集群个体分类，不同的是企业个体更加体现一种对待转型升级决策的主观意愿或态度。由于转型升级决策在企业中并非同时进行，其先后顺序与转型升级决策的阈值有关。而阈值是企业对待转型升级决策时的一种主观态度，同一个经济体中不同类型的企业对转型升级决策的态度差异较大。例如积极性企业更易进行转型升级决策，采纳阈值较低；保守型企业更倾向风险规避，采纳阈值偏高。据此分为积极型、保守型和跟随型。积极型企业对采纳转型升级决策持正面态度，具有较强的开拓意识，转型升级决策时间较早；保守型企业对转型升级决策持负面态度，风险规避意识较强，通常要等转型升级决策经过市场检验后才会采纳，甚至于依旧坚持原有路径模式；跟随型对转型升级决策持中立态度，一般情况下其决策依据关联企业的转型升级决策情况。

2. 企业个体间的关联

企业作为转型升级决策的行动者总是嵌入一定的关系网络中，而这种关系网络又嵌入在一定的社会、经济和政策背景之下，表明企业在转型升级决策中受到其关联企业的影响。在企业群体中，潜在转型升级决策企业表示为 N_i，其受到关联企业 N_j 和政策激励的影响。当一项转型升级决策出现时，N_i 会观察其周围邻居企业 N_j 的状态，并结合政策激励做出转型升级决策评价，并以此来决定是否跟进转型升级决策。但由于 N_j 与 N_i 间差异性的存在，其影响程度各不相同。

3. 企业集群

企业集群是多个产业相似的企业在空间上的集聚，由于产业性质的影响，企业集群可表现为传统型企业集群和创新型企业集群,从集群结构上体现为企业类型的分布特征。一般而言,传统型企业集群内积极型企业占比较小,而创新型企业集群内积极型企业占比较大。从宏观经济视角来看,传统型企业集群更类似于发展中国家,创新型企业集群更类似于发达国家。

6.3.2 转型升级决策动态模型设计

1.基于随机网络的激励转型升级决策扩散模型

社会网络具有小世界性,*ER*随机网络平均路径长度与网络规模呈现对数增长关系。这表示较大的网络具有较小平均路径长度,而较小的网络也有较大的聚集系数,企业集群中的企业个体及相互关系具有相似特点,即集群内的企业个体更容易发生连接关系,因而 *ER* 随机网络可以模拟企业集群内的转型升级决策扩散网络。根据随机网络模型,网络拓扑结构可表示为 $G=(V, E)$,V 表示网络中节点或者顶点的集合,E 为边的集合,表示顶点之间的连接关系。根据定义,将 V 定义为企业集群网络中企业个体的集合,E 定义为企业个体间关系的集合,节点企业平均度为8,构建企业转型升级决策扩散模型,假设如下。

（1）企业状态

依据转型升级决策的理性效率理论,个体转型升级决策与否建立在对转型升级决策的收益评价的基础上,因此企业集群的转型升级决策评价值应该是一组离散值,与企业自身的个体特征有关。当某项转型升级决策出现时,经济体中的企业都要决定是否跟进转型升级决策,由于企业个体在信息获取及自身能力上的差异,企业的转型升级决策状态有所不同,假设经济体包含三种企业决策状态,用 A_{ij} 表示,$A_{ij} \in [-1, 1]$,A_{ij} 越接近 -1,表明距离转型升级决策越远,该企业处于转型升级决策未采纳状态,可能未知晓转型升级决策或对转型升级决策信息的处理未完成,尚未进入采纳,越接近 1 表明距离转型升级决策越接近,企业已经进入转型升级决策过程。

在采纳时期 t,企业完成对转型升级决策的决策更新后,依据企业状态值 A_{ij}^{t} 及转型升级决策临界阈值 a 进行状态更新。在 $t+1$ 时刻,A_{ij}^{t} 有 3 种可能状态。当满足临界阈值 a,企业进入转型升级决策,定义为 $A_{ij}(1)$,当未达到临界阈值 a,企业或处于观望状态,定义为 $A_{ij}(2)$,或处于退出转型升级决策状态,定义为 $A_{ij}(3)$。与 *SIS*、*SIR* 模型认为个体一旦进入某种状态即不能改变的观点不同,本书认为企业转型升级决策与 *SIS*、*SIR* 有一定区别,不能忽略企业的经济属性。事实上在经济理性或机会主义的驱使下,企业个体的转型升级决策收益评价随关联企业转型升级决策状态的变化而变化,因而存在退出转型升级决策的行为。因此在原有文献模型的基础上,设定企业转型升级决策状态有更多进退空间。

（2）政策影响

对于外界的影响，多数文献将其作为个体状态转变的概率，即外界影响越大个体向其他状态转变的概率越大。本书仍然沿用这种建模思路，不同的是将这种转变概率转化为企业对政策和邻居的倾向。这是因为政策激励影响企业转型升级决策状态转变的概率与企业对政策的感知效应有关，而企业对政策的感知效应又与企业自身的类型有关。依据要素禀赋理论，积极型企业通常拥有更多转型升级决策资源，距离转型升级决策的能力势差更小，对同样的政策具有更高的评价。因此政策影响体现为企业对政策激励的感知倾向，不同企业的感知倾向具有差异性，用 G 表示。G 值与企业自身类型有关，不同类型企业对政策的感知倾向不同，积极型企业 G 值较高，保守型企业 G 值较低，跟随型处于中间。$G \in [0, 1]$，越接近 1，表明企业对政策的评价越高，更倾向受政策激励的影响，受邻居影响较小；越接近 0，表明企业更多受周围邻居企业的影响，受政策激励的影响较小。

（3）企业分类

依据企业群体描述和对政策激励评价，可分为积极型（p）、保守型（c）和跟随型（f），其中积极型对政策的效用评价较高，保守型评价较低，而跟随者对政策不敏感，更多的决策依据其邻居企业，故而评价最低，其值应满足 $Gp > Gc > Gf$ 关系，而采纳阈值 a 与企业类型关系为 $ap < ac < af$。

（4）影响权重 W

由于社会网络主张个体异质性特征，企业受关联个体的影响具有较大差异，即在企业集群中，同质企业与异质企业对个体的影响度有所差异。企业受其关联企业的影响程度不尽相同，一般情况下本书假设企业个体关联的节点既有同质企业也有异质企业，呈随机分布，行业产品越接近的企业互相间影响越大，有边相连的定义为相近或同质型企业，企业个体受邻居企业影响程度用 W_{nm} 表示，在不考虑间接企业的影响下，所有邻居企业的影响权重和为 1。

企业集群转型升级决策扩散可描述为，节点企业在状态 $A_{ij}(1)$、$A_{ij}(2)$、$A_{ij}(3)$ 间转移的概率为激励影响与关联企业影响的综合值，$\varphi(ij) = G + \beta \sum (1-G) \sum W_{nm}$，$\beta$ 为关联企业的影响概率。

2. 企业演化状态

（1）采纳时期 t

将企业转型升级决策过程时间进行分割，分析时间与转型升级决策扩散的关系。最大采纳时期 T 应当确保在该时期之前转型升级决策企业数量不再增加，即系统呈现基本稳定状态。

（2）转型升级决策动态演化过程

A_{ij}^t 表示企业在采纳周期 t（$0 < t \le T$）时刻的转型升级决策状态。在经济体初始时刻企业状态 A_{ij}^0 随机，可能在转型升级决策，未转型升级决策或观望，此后企业在关联企业转型升级决策状态 A_{ij}^t 和政策激励的共同影响下 G_{ij} 进行综合决策，并更新转型升级决策状态，用集合 L_{im}（im 满足与 ij 有连接关系）表示群体中企业 ij 的邻居。在时期 t，企业个体 ij 的转型升级决策状态更新如下。

$$A_{ij}^{t+1} = G_{ij} \times A_{ij}^t + (1 - G_{ij}) \times \beta \times \sum W_{nm} A_{im}^t$$

其中 A_{ij}^{t+1} 指下一时刻企业的状态，A_{ij}^t 指 t 时刻企业 ij 状态，A_{im}^t 指的是 t 时刻与企业 ij 相连接企业的状态；指的是企业 ij 受政策激励的影响，体现为对政策激励的感知倾向 $1-G_{ij}$，为企业 ij 受关联企业的影响程度；β 为周围企业的影响概率（随机因素，本实验取 1，表明有连接的个体均能产生影响）；W 指每个关联企业 im 对企业 ij 的影响程度。其模型整体动态演化过程如图 6-1 所示。

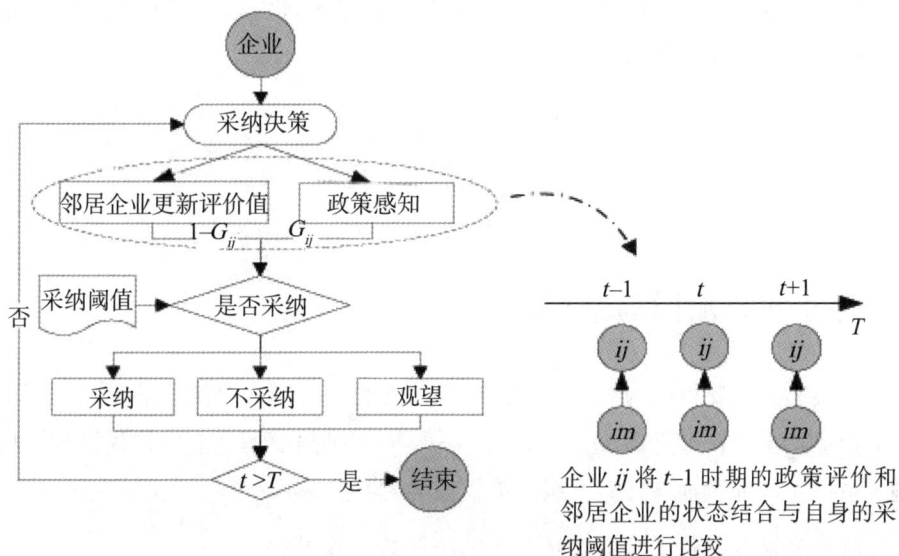

图 6-1　政策激励的转型升级决策扩散过程模型示意图

设 $A_{ij}（1）t$、$A_{ij}（2）t$、$A_{ij}（3）t$ 为 $A_{ij}（1）$、$A_{ij}（2）$、$A_{ij}（3）$ 在 t 时刻的比例，构建其增长动力学方程如下：

$$\begin{cases} \dfrac{\mathrm{d}A(1)t}{\mathrm{d}t} = \varphi_2(t)A_{ij}(2)t + \varphi_3(t)A_{ij}(3)t - [\varphi_1(t) + \varphi_1'(t)]A_{ij}(1)t \\[2mm] \dfrac{\mathrm{d}A(2)t}{\mathrm{d}t} = \varphi_1(t)A_{ij}(1)t + \varphi_3'(t)A_{ij}(3)t - [\varphi_1(t) + \varphi_2'(t)]A_{ij}(2)t \\[2mm] \dfrac{\mathrm{d}A(3)t}{\mathrm{d}t} = \varphi_1'(t)A_{ij}(1)t + \varphi_2'(t)A_{ij}(2)t - [\varphi_3(t) + \varphi_3'(t)]A_{ij}(3)t \end{cases}$$

其稳定状态有 $\varphi（t）$ 与 $A_{ij}（1）$、$A_{ij}（2）$、$A_{ij}（3）$ 状态中企业类型有关，由于个

体相邻企业类型具有一定的差异，$\varphi(t)$ 值在随企业类型和时间呈现变化性。

因此可得 $\varphi(t) = \sum_p^f G_{IJ} + \beta \sum_p^f [(1 - G_{ij}) \sum_n^m W_{nm}]$，转型升级决策的稳定状态取决于 φ（t），其稳定状态 $\lim_{t \to \infty} \dfrac{\mathrm{d}A(1)t}{\mathrm{d}t} = 0$ 可等价于 $\dfrac{\mathrm{d}\varphi(t)}{\mathrm{d}t} = 0$。

求解 $\dfrac{\mathrm{d}\varphi(t)}{\mathrm{d}t} = 0$，$\dfrac{\mathrm{d}\varphi(t)}{\mathrm{d}t} = \dfrac{t}{\mathrm{d}t} \beta \sum_p^f (1 - G_{ij}) W_{nm} = \dfrac{\mathrm{d}}{\mathrm{d}t} \beta \sum_p^f (\sum_n^m W_{nm} - G_{ij} \sum_n^m W_{nm})$；

即 $\sum_n^m W_{nm} - \sum_p^f G_{ij} \sum_n^m W_{nm} = 0$，其解为 $\sum_p^f G_{ij} = 1$。

从求解结果来看，稳定状态与 2 个因素有关：一是 A_{ij}（1）、A_{ij}（2）、A_{ij}（3）初始状态值，其决定最终转型升级决策的企业数。二是所有企业对政策激励评价的总和，当时评价较高时，整体转型升级决策比例可能会缩小；当激励评价较低时，整体转型升级决策比例会逐步扩散。下面将从以上两个方面进行系统仿真。

（3）最终演化状态

在每个周期 XT，将企业转型升级决策状态分别累加，得到各状态下的企业数，其中转型升级决策企业比例为

$$R(t) = \frac{1}{n \times n} \sum_{i=1}^{N} A_{ij}^t(1)$$

6.3.3 实验模拟与结果分析

模拟实验的主要目的为：①政策激励强度对企业转型升级决策的影响；②不同激励强度下企业类型与转型升级决策的关系；③不同激励强度下企业网络规模与转型升级决策的关系；④局部激励与转型升级决策扩散的关系。

1. 政府政策激励强度对企业转型升级决策数量的影响

（1）三种激励强度

由（1）式可知，企业状态由周围邻居的决策状态和其自身对政策激励的评价有关。当激励强度较弱时，评价较低，激励程度较强时评价较高，据此分别设置三种激励强度：弱激励 $Gp \in [0.4, 1]$，$Gf \in [0.1, 0.4]$，$Gc \in [0, 0.1]$；中等激励 $Gp \in [0.6, 1]$，$Gf \in [0.3, 0.6]$，$Gc \in [0, 0.3]$；强激励为 $Gp \in [0.8, 1]$，$Gf \in [0.6, 0.8]$，$Gc[0, 0.6]$。

（2）初始状态参数

企业初始状态分布分为 2 种情况，由转型升级决策、观望及未采纳比例组成，设置状态 $A_{ij} \in [-1, -0.2]$ 为退出转型升级决策，$[0.2, 1]$ 为进入转型升级决策，$[-0.2, 0.2]$ 为中间观望状态。

第一种: 转型升级决策企业占比较少的初始状态 $A_{ij}(1):A_{ij}(2):A_{ij}(3)=1:1:3$;

第二种: 转型升级决策企业占比较多的初始状态 $A_{ij}(1):A_{ij}(2):A_{ij}(3)=3:1:1$。

（3）企业类型参数

在不同的企业集群中，积极型、保守型及跟随型企业分布存在差异，传统型企业集群积极型占少数，而创新型企业集群积极型占多数，据此设置2种企业类型分布参数。

第一种: 积极型企业占比较少的企业群体（传统的企业集群），$p:c:f=1:2:2$;

第二种: 积极型企业占比较多的企业群体（创新型企业集群），$p:c:f=3:1:1$。

（4）实验模拟结果及分析

①选取 $N=100\times100$，激励强度为中等 $Gp\in[0.6,1]$，$Gf\in[0.3,0.6]$，$Gc\in[0,0.3]$ 时，模拟企业随时间推移迭代的演化过程（褐色：转型升级决策；蓝色：未转型升级决策；绿色：观望）。从左往右依次为 $T=0$、30、50、100 时刻的企业状态图:

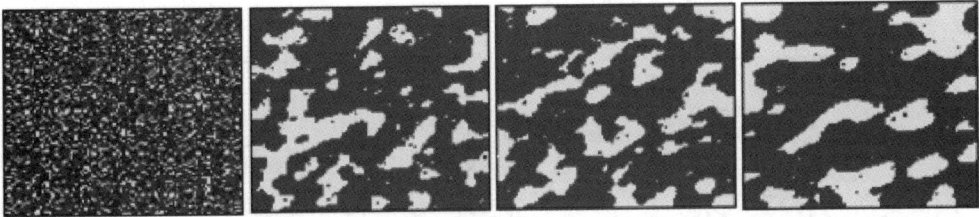

图6-2　$A_{ij}(1):A_{ij}(2):A_{ij}(3)=3:1:1$

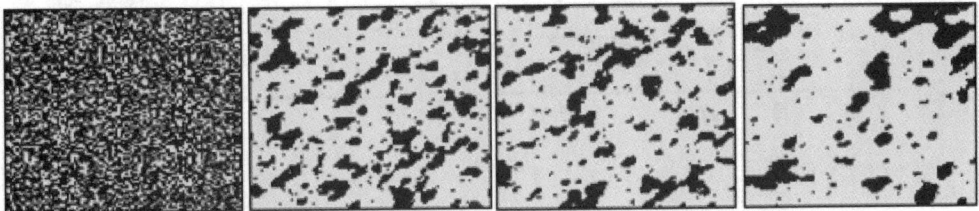

图6-3　$A_{ij}(1):A_{ij}(2):A_{ij}(3)=1:2:2$

实验结果表明，在固定周期 $XT=30$ 的模拟迭代后，企业整体转型升级决策比例趋于稳定，但企业个体在转型升级决策与观望或观望与未转型升级决策状态间摇摆。相同状态企业集聚成片，观望型（绿色）企业始终充斥整个企业集群系统。当初始企业转型升级决策者较多时，未转型升级决策企业将转变为转型升级决策者或观望者；当初始企业转型升级决策者较少时，转型升级决策企业将转变为观望者或未转型升级决策者。

②基本参数: $N=20\times20$，$T=30$，选取积极型企业较少的传统型企业集群（$p:c:f$ $=1:2:2$)和积极型企业较多的转型升级决策型企业集群（$XT:XT:XT=3:1:1$），在两种初始状态下做仿真模拟实验，考虑到随机性产生的误差，每次参数模拟10次取平均值后进行结果统计，结果如图6-4所示。

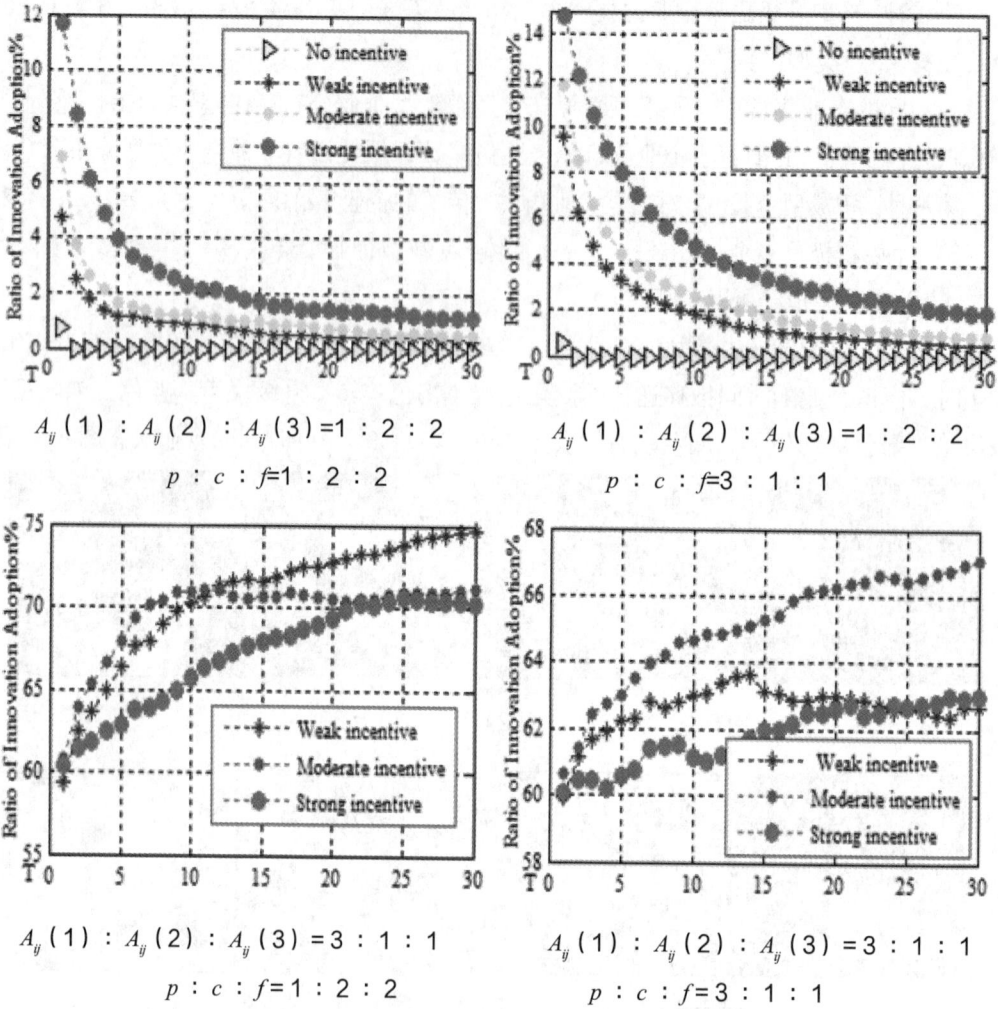

$A_{ij}(1):A_{ij}(2):A_{ij}(3)=1:2:2$

$p:c:f=1:2:2$

$A_{ij}(1):A_{ij}(2):A_{ij}(3)=1:2:2$

$p:c:f=3:1:1$

$A_{ij}(1):A_{ij}(2):A_{ij}(3)=3:1:1$

$p:c:f=1:2:2$

$A_{ij}(1):A_{ij}(2):A_{ij}(3)=3:1:1$

$p:c:f=3:1:1$

图 6-4　不同政策激励下创新采用的比率－时间图

从实验结果中可以看出，企业集群的初始状态对演化结果有显著影响，在转型升级决策企业比例不占多数的情况下，最终稳定状态下的企业转型升级决策比例接近于0，政策激励无效。增加政策激励强度能在初始阶段产生短期影响，有效减缓转型升级决策衰退速度，激励越强，效果越发显著。

当初始转型升级决策状态企业比例占多数时，政策激励将产生一定的正向作用，但传统型企业集群与创新型企业集群呈现不同的演化趋势。传统型企业集群最终转型升级决策比例均在70%以上，强激励效果无论在影响速度和影响数量上均低于中等激励和弱激励，说明过强的政策激励会产生"挤出效应"；创新型企业集群激励效果（采纳比例均不足70%）不及传统型企业集群，中等强度的激励将产生较好的效果。

无论对于传统型企业集群还是创新型企业集群，政策激励都不能使转型升级决策扩散至整个群体，激励强度不能提升转型升级决策的比例，企业整体倾向风险规避，激励效应最终淹没于关联企业的影响效应中，部分跟进转型升级决策的企业在关联企业的影响下会产生"搭便车"现象。政策激励只能短期内激发企业转型升级决策动机，适度的政策激励才能提升整体转型升级决策比例，应避免过度激励产生的负效应。

2. 政策激励、企业类型对转型升级决策的影响

第一个实验结果表明，当初始状态相同时 $[A_{ij}(1)：A_{ij}(2)：A_{ij}(3)=3：1：1]$，不同企业集群间政策激励的效果呈现差异性，表明企业类型在集群中的分布对转型升级决策比例有一定影响，因此设计如下实验。

基本参数：$XT=20×20$，$XT=30$，积极型企占比 $XT/XT=0.01$，0.1，0.2，…，0.99，A_{ij}（1）：A_{ij}（2）：A_{ij}（3）＝3：1：1。激励强度为：弱激励 $Gp∈[0.4，1]$，$Gf∈[0.1，0.4]$，$Gc∈[0，0.1]$；中等激励 $XT∈[0.6，1]$，$XT∈[0.3，0.6]$，$XT∈[0，0.3]$ 和强激励 $Gp∈[0.8，1]$，$XT∈[0.6，0.8]$，$XT∈[0，0.6]$，实验结果如下。

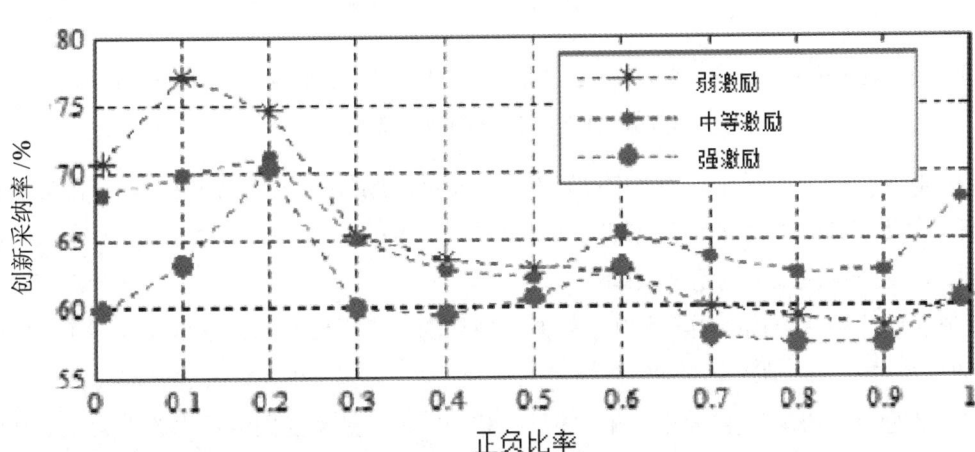

图6-5　正比例与创新接受数的关系

实验结果表明，企业集群内积极型企业比例的增加，政策激励效果呈现波动衰减趋势，当积极型企业占比10%～20%区间时，政策激励效果最佳，随后逐步下降并趋于稳定。这启示企业集群内积极型企业占少数的情况下更能有效地带动整体企业的转型升级决策比例，而过多积极型企业会因为资源竞争的激烈产生一定的"转型升级决策惰性"，跟随者和保守者的存在使得转型升级决策效益形成一定的外部性，机会主义者的出现将不可避免。

在不同的激励强度对比下，中等强度的激励能产生最佳持续性效果，其衰减效应最为缓慢，而强激励和弱激励在积极型企业比例较少时效果显著，但其后衰减速度较快，因而要获得持续的激励效果，制定适度的激励政策是有效途径之一。

3. 政策激励、企业规模与转型升级决策的关系

企业集群规模体现在格子网络的规模，模拟实验参数：$XT=30$，$XT=10$，20，30，

40，50，…，100，初始状态参数由转型升级决策、观望及未采纳三者组成，在初始转型升级决策比例较少的情况下，激励效果始终递减并趋于0，无法观测扩大激励范围带来的影响，因此取 $A_{ij}(1)：A_{ij}(2)：A_{ij}(3)=3：1：1$。模拟场景分别为传统企业集群（$XT：XT：XT=1：2：2$）和转型升级决策型企业集群（$p：c：f=3：1：1$），激励强度为弱、中等、强3个等级，并分别进行对比分析。

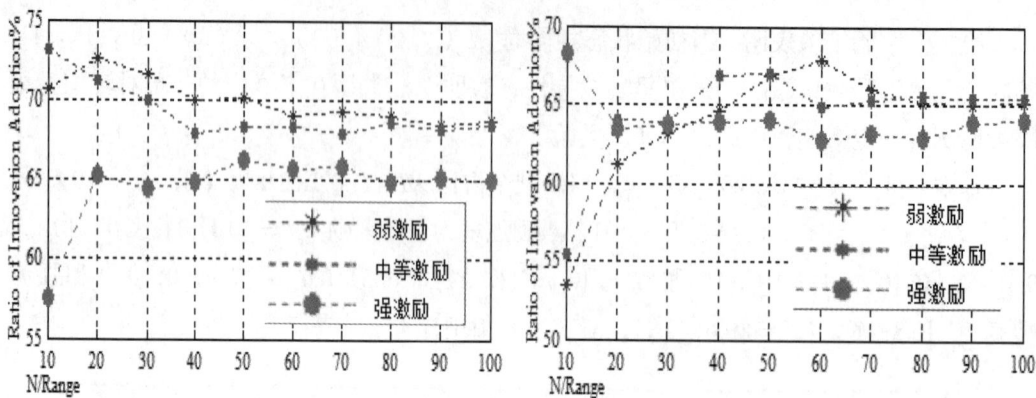

（a）传统企业集群 p：c：f=1：2：2　　　（b）创新型企业集群 p：c：f=3：1：1

图6-6　弱激励下的规模与创新采纳率

从图6-6（a）、图6-6（b）中可以看出，不同激励强度下扩大网络规模在传统型企业集群和转型升级决策型企业集群间其效果具有一定的差异性，表面激励具有一定的边界性，转型升级决策比例趋于收敛。

在传统企业集群内，弱激励和中等激励效果随网络规模的扩大逐步降低，最终稳定在68%左右；强激励效果随网络规模扩大上升，并在规模20以后稳定于65%。

在转型升级决策型企业集群内，弱激励和中等激励效果随网络规模的扩大先上升后降低，最终稳定于65%左右，强激励效果随网络规模扩大降低，在规模20以后稳定于63%，与传统型企业集群情况相反。

实验结果表明对于传统型企业集群，强度弱、规模小，或者强度大、规模大的政策激励更有助于转型升级决策数的提高；对于转型升级决策型企业集群，强度小、规模大，或者强度大、规模小的政策激励效果更佳。

4. 局部激励与企业转型升级决策的关系

局部激励指企业集群中享受政策激励的企业比例，通过对局部网络激励的分析，研究不同激励程度下对转型升级决策比例的影响。实验参数，选取 $N=100 \times 100$，激励比例范围 =1%，10%，20%，…，99%，激励范围内企业状态为 $A_{ij}(1)：A_{ij}(2)：A_{ij}(3)$ =3：1：1，激励强度为弱、中、强，分别在传统企业集群（$XT：XT：XT=1：2：2$）和转型升级决策型企业集群（$XT：XT：XT=3：1：1$）中模拟。

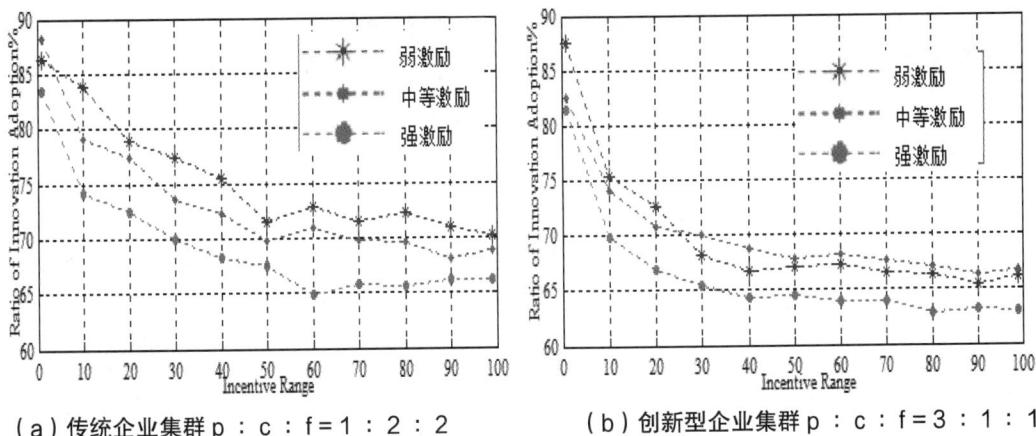

（a）传统企业集群 p：c：f＝1：2：2　　　（b）创新型企业集群 p：c：f＝3：1：1

图 6-7　激励范围与创新采用比例图

实验结果表明，在固定规模的网络群体内，激励范围扩大转型升级决策比例减小，转型升级决策型企业集群在激励范围大于 40% 后趋于收敛，而传统型企业集群在激励范围大于 60% 后趋于收敛，传统型企业集群对激励范围的敏感性低于转型升级决策型企业集群。

这启示局部激励效果要好于全局激励，政策的激励需要具有一定的门槛，普适性激励并不能提升企业的转型升级决策比例，转型升级决策型企业集群的政策激励应更具针对性和目标性，制定行之有效的局部激励政策能有效提高整体转型升级决策比例。

6.3.4 结果分析与讨论

1. 结果

本节基于随机网络构建企业转型升级决策演化模型，通过对企业转型升级决策过程的模拟，研究政策激励对于企业转型升级决策的影响，包括激励强度、群体规模和激励范围的微观机理，并且考虑了企业类型分布变化对于演化稳定状态的影响。基于转型升级决策扩散的演化，本书揭示了政策激励影响企业转型升级决策中的微观作用及涌现出的宏观动力学现象，实验得出如下结论。

（1）政策激励无法使所有企业都进入转型升级决策，初始企业转型升级决策状态和企业群体间的联系共同影响转型升级决策的扩散。初始企业转型升级决策状态的影响大于政策激励的影响，即政策激励带来的影响终将被企业群体间的影响所"淹没"，提高激励强度不能提升转型升级决策比例。在传统型企业集群中，弱激励效果最佳，在转型升级决策型企业集群中，中等强度的激励效果更好。政策激励具有时效性，无论何种强度政策激励的效用都趋于稳定，因此结合企业群体的状态适时适度给予一些新的激励，才能不断提高企业转型升级决策比例。

（2）企业群体内的类型分布对转型升级决策扩散有显著影响。积极型企业越多，企业转型升级决策比例越小，过多的积极型企业会产生"惰性"。这提示有龙头或领军企业的企业集群，会有较好的转型升级决策扩散，形成良好的转型升级决策氛围，政府在指定相关产业政策时要避免过多积极型企业在同一个集群内，分散竞争压力。

（3）企业集群规模与政策激励范围对转型升级决策比例有显著影响。对于传统型企业集群，群体规模小进行弱激励、群体规模大进行强激励的方式能有效提升整体转型升级决策比例；对于转型升级决策型企业集群，群体规模小进行强激励、群体规模大进行弱激励的方式能有效提升整体转型升级决策比例。局部激励效果好于整体激励，单一增加激励强度或扩大激励范围都不能有效提升企业转型升级决策数，因此激励政策要有一定的适用企业范围，有一定的目标性，从而使政策能更加有效地提高转型升级决策扩散的范围。

2. 讨论

本节所构建的模型是在谣言传播模型 SIS/SIR 的基础上做出的改进，主要区别在于加入了政策激励因素，使转型升级决策在更大范围内扩散，而谣言传播的 SIS/SIR 模型在于如何控制传播范围更小。本书主要贡献在于通过合适的外界干预措施可以使转型升级决策在短期内更快更好地扩散，这同样可以应用于谣言传播、声誉危机等问题，即使用怎样的干预措施可以使负面信息控制在更小的范围内。因此基于社会网络的传播或扩散模型应当更多关注在外界因素影响下的动力学演化过程，构建一种符合网络系统情境的激励或抑制机制。例如 2018 年中国在长三角地区实行的针对化工行业新大气排放标准以及环境技术补偿政策，尽管大多数企业认为绿色溶剂应用前景较好，且有较好政策支持，但也只有 10% 的企业愿意采纳新技术，无法实现环境技术的长期扩散，因而培育良好的市场环境才能实现转型升级决策的持续扩散。

本章的研究结果可作为产业政策是否有效性争论的一种理论补充，无效论者认为政策的非市场导向性会使得经济绩效、全要素生产率无法持续提高，且运用实证数据对东亚及欧盟国家进行了验证；有效论者认为政策的失效并非政策本身而是没有内嵌于政治经济环境中，且从东亚国家的实践经验进行了证明。这与本书研究结果相似，政策激励需与系统环境一致，在短期内能产生一定的促进作用，但随着系统环境变化固定不变的政策将失效，需要重新设计与之相匹配的导向政策。

本节设计的政策激励下转型升级决策扩散理论模型，需与具体领域结合，利用实际数据完善网络数据和初始参数。可考虑应用于中国新能源车市场，通过业务程度差异划分企业与企业关系强度，以企业规模、研发投入作为企业类型的代理变量，以新能源车品类增长值为转型升级决策的代理变量，并代入对应时期内的政府补贴政策（依据政府 2009—2018 年之间补贴政策划分强度）验证中国新能源车行业转型升级决策扩散的情况。实验结果可从政策激励和市场关系角度与同时期欧美国家新能源车市场发展情况进行比较分析。

本节的探讨均基于企业类型的不变性，其结果仅表明在某一时间段内企业类型尚未发生变化时政策激励影响的效果。但事实上随着政策激励的影响或其他内外因素的影响，企业会在积极和保守之间发生转变，从而形成新的企业初始状态，政策激励的影响也随之改变，而本书的研究仍然有效，即在新的背景下进行各种政策激励影响的分析，从一个新的静态开始探索，但无法反映企业类型与政策激励的实时动态关系，因此需要构建一个在政策激励下企业类型变化、政策激励与转型升级决策的三维扩散模型。

6.4 财税政策投入的效率分析

党的十八大以来，国家持续实行大规模减税政策和促进实体经济发展的财政政策，极大优化了民营经济特别是中小企业的发展环境。在国家政策的大力推动下，中小企业在规模和数量上已跃居世界第二，但发展质量与发达国家相比仍有较大差距。虽然政府极力推动制造业转型升级，出台了一系列相关支持政策，但中小企业在转型升级的效果上仍然较差，如创新投入较多但产出较少，专利申请数量较多但效益低下。因此从宏观层面分析财税政策的投入对中小企业转型升级效果的影响可以分析财税政策的实施效果，以及不同类型政策的激励效应。

转型升级是近年来中国经济发展的主题，转型是指当原有产业已难以为企业提供足够的成长空间时，适时进行转变，发生产业之间的转换和发展模式转变的行为，为组织注入新的活力一种手段。升级是指企业在产业链和价值链上位置的提升，从劳动密集型产品向资本密集型或技术密集型产品的转变过程，此外还包括能力与价值提升基础上的新产品、新服务、新品牌和新市场的升级过程，最终使企业生产效率和投入产出比例得到提高，而当前最多的是从代工到自主品牌的转型，从 OEM 到 ODM 再到 OBM 的升级过程。在影响因素上，大部分学者认为是内生动因与外生动因综合作用的结果，包括关键资源和关键能力的获取、创新的企业文化、企业家精神以及政府的支持。微观层面主要基于实证研究，从企业规模、创新能力、出口规模、市场结构以及经济效应、质量品牌等方面进行了尝试。现有研究多从单一角度分析转型升级的促进作用，在政策的施行效果上也多为单一政策的效果分析，但不同影响因素的效果应当具有一定的差异性，不同政策的影响可能会产生"抵消效应"，也可能产生"倍增效应"，因此有必要从财税政策投入效率的视角分析中小企业转型升级的激励效应。

转型升级效果是指在环境和资源配置下的单位产出，现有关于转型升级的研究缺乏对效率的分析，多为创新投入效率的评价，主要从指标构建及方法上进行研究。Fang

Mei Tseng 和 Yu Jing Chiu 从金融、竞争、制造和创新能力四个方面对制造业的高技术产业绩效进行评价；杨屹等构建了投入、配置、产出、支撑的技术创新评价指标体系；陈红川设计了投入、产出、技术创新能力高新技术产业国际竞争力评价指标体系；Chakrabarti A.K. 从专利发明的角度对美国、日本等国家创新效率进行评价；Chung Jen Chen 和 Hsueh Lung Wu 等运用 DEA 对中国台湾相关产业进行创新情况分析；白俊红等运用 DEA 方法，测评了中国各省研发效率；李培哲等基于 DEA 与 Malmquist 指数从经费投入、人员投入及新产品销售收入、有效发明专利数对各省高技术产业创新效率进行评价；巫强等使用 GMM 方法发现，一定比率研发补贴能对战略新兴产业创新投入有促进作用；柳光强通过实证得出税收优惠对研发投入具有正向作用，而财政补贴则相反；储德银等实证分析得出财政补贴对专利产出有正向激励作用，而税收优惠却恰恰相反。

综上，财税政策在企业创新中发挥重要作用，税收政策和财政补贴政策的影响具有差异性，但结合转型升级进行的政策投入效率研究较少，本书运用 DEA（数据包络）-CD 模型对沿海地区 67 家中小企业转型升级的财税投入效率进行分析，并对中小企业转型升级的激励效果进行深入分析，为政府的政策工具选择提供参考。

6.4.1 理论分析

中小企业大多规模较小，抗风险能力较低，由于转型升级带来的收益不确定性，企业通常倾向风险规避，并且由于原有发展模式下的收益路径依赖的存在，中小企业往往难以实现主动转型升级。通过获得地方政府的财政支持和相关税收优惠可以降低中小企业转型升级的触发点，降低企业在转型升级中的成本，规避市场风险，因此政策投入是中小企业转型升级的要素构成之一。

中小企业转型升级的政策投入主要分为财政补贴政策、税收政策和融资政策。理论上，三者均能对中小企业转型升级形成有效支持，但作用机制差异较大且影响效果也不尽相同。财政政策和融资政策为事前激励，主要解决企业转型升级的资金需求，但对其结果难以监督，若补贴力度过大可能会造成企业机会主义行为；若补贴力度较小，对企业的支持又较为有限，不足以触发其转型升级的临界点。税收政策为事后激励，能有效降低企业机会主义行为的概率，但是相当部分中小企业作为纳税义务主体的财务规范性较差，难以获取税收政策的支持。因此财税政策投入对转型升级的影响不仅是效果的问题，而且对企业行为的影响也有较大的差异。

6.4.2 研究设计

以 DEA 分析模型为基础，以财税政策为投入变量，中小企业转型升级效果为产出变量进行效率评价，再运用 C-D 函数构建实证分析模型，分析财税政策的激励效应。DEA 模型多用于投入产出的效率评价，分为 CCR 模式和 BBC 模型，前者为不变规模报酬，后者为可变规模报酬 C-D 生产函数为要素投入的影响，其系数反映变量对产出的影响情况。

1. DEA 模型设计

BCC 模型不要求所有 DMU 处于最优规模状态，其前沿效率曲线为多条直线组成，考虑到中小企业市场竞争不充分性，本书选用 BCC 模型更适合。

设转型升级效果分析中有 XT 个决策单元，记为 DMU_i，$XT=(1, 2, 3, …, i)$，代表所有参与效率评价的中小企业，其投入量 $X_i=(X_{1i}, X_{2i}, …, X_{ni})$，$XT$ 为投入量的个数，其中包含 XT 个定性指标，其余为定量指标，产出量 $Y_i=(Y_{1i}, Y_{2i}, …, Y_{mi})$，$XT$ 为产出量的个数，其中包含 XT 个定性指标，其余为定量指标。设 ε 为非阿基米德无穷小，则 DMU_i 决策单元的 DEA-BCC 模型可以表示为如下：

$$\min\theta$$
$$s.t.\begin{cases}\sum_{i=1}^{n} a_i\lambda_i \leq \theta x_0 \\ \sum_{i=1}^{m} y_i\lambda_i \geq y_0 \\ \sum_{i=1}^{n} \lambda_i =1 \\ \lambda_i \geq 0, \ i=1,2,3,…, \ n\end{cases} \quad (1)$$

引入 S^-、S^+ 为松弛变量（Slack Variable）后，（1）式可变换成（2）式。

$$Min\left[\theta - \varepsilon(\sum_{i=1}^{n} S^- + \sum_{i=1}^{m} S^+)\right]$$
$$s.t.\begin{cases}\sum_{i=1}^{n} a_i\lambda_i + S^- = \theta x_0 \\ \sum_{i=1}^{m} y_i\lambda_i - S^+ = y_0 \\ \lambda_i \geq 0, \ s^+ \geq 0, \ s^- \geq 0 \\ \sum_{i=1}^{n} \lambda_i =1\end{cases} \quad (2)$$

其中 λ_i 为 DMU_i 的权重组合，该模型表示若纯技术效率和规模效率均为 1，则 DEA 有效，若两者中有一个为 1，则为弱 DEA 有效；若两者均不为 1，则说明非 DEA 有效。

生产可能集 TBCC 可表示为 $T_{BCC} = \{(x,y)|x\geq\sum_{i=1}^{n}\lambda_i x_i, \sum_{i=1}^{n}\lambda_i=1, i=1,2,3,…,n\}$，$S^-$ 表示在产出不变的情况下可以减少投入（减少政策供给），表示在投入不变的情况可以增加产出（优化投入结构）。

（1）投入变量

财税投入分为财政补贴和税收优惠，分别设计 4 个二级指标进行专项问卷调查，由于财税政策具有一定门槛，并非所有企业均能享受政策，投入变量中需剔除没有享受财税政策的企业，因此问卷中以"是否享受"为选择标志，二级指标为具体财税政策条目，累计计分，等同于投入强度，具体见表 6-2。

表 6-2　投入变量表

政策类型	政策条目
税收政策	增值税、所得税、研发、附加税、行政费用
财政政策	上规奖励、专利补贴、政府基金、融资补助

（2）产出变量

产出变量的直接解释是转型升级的效果，分为定量和定性两方面，其中定量指标直接选取主营业务收入。定性指标考察企业转型升级效果，以产品层次（品牌、附加值、毛利率）、产业链（长度、跨度）、市场（国内、国际、国家项目、电子商务）、内部管理（制度规范、信息化管理、员工培训、标准化认证）等为维度，运用层次分析法构建评价体系，并进行问卷调查，计算每家企业的转型升级值。设转型升级观测点为 di，$S^+ = （1，2，\cdots，n）$ 为观测点个数，di 为每项观测点得分，wi 为每个观测点的权重，则定性指标转型升级效果 DS 值表示为 $DS = \sum_{I=1}^{n} w_i d_i$。

2. 转型升级的激励效应模型设计

本书研究中小企业转型升级效率的影响，着重分析财税政策对转型升级效率的影响，考虑到 C-D 函数（柯布—道格拉斯生产函数）函数具备企业所关心的一些性质，在经济理论分析和应用中能较好地解释各变量对产出的贡献情况，故采用该模型。

C-D 函数表示为在某一技术水平下，资本、劳动力投入对生产产出的影响和贡献，本书进行适当变形和扩展，引入 T 税收政策、G 财政政策、E 企业家（负责人 CEO），并考虑中国企业在国际贸易中所占的影响，引入 F 对外贸易（出口），建立基本实证模型为 $Y = A(t)T^a G^b E^c F^d \mu$，$XT$ 函数为 DEA 计算转型升级效率 XTt 代表当年技术水平，财税政策 XT、XT 通过企业享受情况进行赋分，从税费（所得税、政府基金税、审批费）、财政（政府补贴、奖励）两个方面 10 个观测点进行赋分，企业每获得支持一项得 1 分；XT 取值企业家学历水平，分为 4 个级别，用数字进行表示，初中及以下为 1，高中或中专为 2，大专或本科为 3，硕士及以上为 4；XT 代表出口，向欧美发达国家有出口取为 1，否则为 0，μ 为随机项。

6.4.3 实证分析

1. 转型升级效率测算

运用 BBC 模型，以规模效率可变分析投入量，运用 DEAP2.1 软件运算，对沿海 67 家中小企业进行转型升级效率计算，由于产出变量为定性值，为使得结果科学性更高，采用李春好等的 CKS-DEA 改进模型。在层次分析法中，对产出各指标的重要性权重采用严格的等距划分方法，先选出最重要的指标和最不重要的指标，然后进行区间赋值，再设立置信约束，如下。

$$a_r \leq \mu_r (\sum_{j=1}^m y_{rj} / m) / \sum_{r=1}^m \mu_{rj}(\sum_{j=1}^m y_{rj} / m) \leq b_r, \quad r = 1,2,3,\cdots, \quad m$$

上式中 a_r、b_r 表示为对产出指标的估计下限和上限，该约束由 DMU 决策单元的所有观测指标的均值组成，所有专家在打分时以各观测点指标对转型升级的贡献为标准进行。

最终运算结果见表 6-3 所示。

表 6-3　财税政策投入效率表

企业	综合效率	纯技术效率	规模效率	规模报酬	企业	综合效率	纯技术效率	规模效率	规模报酬
1	0.807	0.807	1	—	35	0.363	0.396	0.915	drs
2	0.652	0.652	1	—	36	0.292	0.454	0.643	drs
3	0.993	1	0.993	drs	37	0.12	0.123	0.977	drs
4	0.211	0.31	0.682	drs	38	0.417	0.458	0.91	drs
5	0.342	0.357	0.957	Mrs	39	0.215	0.222	0.967	drs
6	0.349	0.366	0.954	drs	40	0.632	0.793	0.798	drs
7	0.405	0.821	0.493	drs	41	0.35	0.356	0.983	drs
8	0.363	0.575	0.632	drs	42	0.332	0.663	0.501	drs
9	1	1	1	—	43	0.144	0.155	0.926	drs
10	0.21	0.273	0.769	drs	44	1	1	1	—
11	1	1	1	—	45	0.254	0.274	0.929	drs
12	0.349	0.349	1	—	46	0.604	0.611	0.988	drs
13	0.374	0.53	0.704	drs	47	1	1	1	—
14	0.29	0.337	0.86	drs	48	0.17	0.234	0.728	drs
15	0.475	1	0.475	drs	49	0.387	0.421	0.919	drs
16	1	1	1	—	50	1	1	1	—
17	0.173	0.203	0.85	drs	51	0.28	0.304	0.92	drs
18	1	1	1	—	52	0.443	0.443	1	—
19	0.506	0.648	0.781	drs	53	0.171	0.22	0.776	drs
20	0.277	0.363	0.764	drs	54	0.258	0.274	0.942	drs
21	0.516	0.556	0.928	drs	55	0.297	0.329	0.902	drs
22	0.313	0.332	0.942	drs	56	0.39	0.637	0.612	drs
23	0.608	0.8	0.76	drs	57	0.343	0.345	0.994	drs
24	0.553	0.559	0.989	drs	58	0.29	0.305	0.952	drs
25	0.92	1	0.92	drs	59	0.5	0.507	0.987	drs
26	0.218	0.264	0.824	drs	60	0.105	0.107	0.985	drs
27	0.199	0.216	0.923	drs	61	1	1	1	—
28	0.205	0.308	0.666	drs	62	0.191	0.232	0.824	drs
29	1	1	1	—	63	0.132	0.14	0.948	drs
30	0.344	0.46	0.748	drs	64	1	1	1	—
31	0.417	0.492	0.847	drs	65	0.238	0.238	0.999	—
32	0.161	0.208	0.772	drs	66	0.537	0.87	0.617	drs

续表

企业	综合效率	纯技术效率	规模效率	规模报酬	企业	综合效率	纯技术效率	规模效率	规模报酬
33	1	1	1	—	67	1	1	1	—
34	1	1	1	—	均值	0.488	0.551	0.879	—

从整体上看，中小企业转型升级综合效率的均值为 0.488，纯技术效率为 0.551，规模效率为 0.879，在财税政策投入的资源配置结构、投入水平和投入规模上相差较大，其中投入规模较好，另外两者效率较差。

规模效率 0.879 大于技术效率 0.551，表明在转型升级中投入规模已接近最优边界，而在投入的结构上存在错配或资源利用不合理的问题，没有充分优化财税政策的配置结构，可能与企业内部管理水平有关，不能完全享受财税政策。从效率上看，有 13 家企业的转型升级综合效率值为 1，在纯技术效率和规模效率上均达到了 DEA 有效，表明这 13 家企业在转型升级中的财税政策投入与产出比例达到了最优，仅占比 19.4%，而第 3 位、第 15 位、第 25 位企业在纯技术效率上达到了 DEA 有效，其投入的技术水平已经达到最优，但在规模效率上还有所不足。多数企业在纯技术效率、规模效率上均没有达到 DEA 有效，可能有投入上的冗杂或政策利用效率上的不足。

从规模报酬上看，所有的企业均为规模报酬递减（DRS），主要是财税政策投入与企业实际需求间有差距，虽然企业能够享受财税政策带来的收益，但仍难以满足在转型升级上的支撑力度，从而使财税政策难以有效利用，导致转型升级效果降低。

2. **财税政策的激励效应测算**

在 C-D 函数模型的基础上，将两边取对数，得到如下变换：

$$\ln Y = \ln A(t) + a \ln T + b \ln G + c \ln E + d \ln F + \ln \mu$$

本书以财税政策的激励效应为自变量，中小企业转型升级效果为因变量，运用逐步回归法，加入其他自变量，分别对转型升级的纯技术效率、规模技术效率和综合效率进行分析；并在此基础上，加入科技经费投入作为解释中介，分析中小企业在转型升级效率中存在的问题，分析框架如图 6-8 所示。

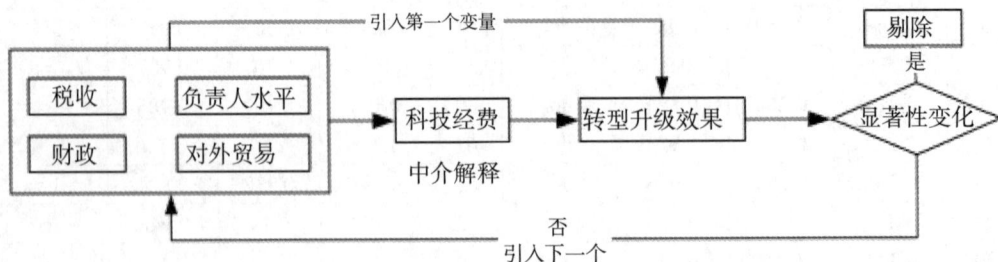

图 6-8 分析框架

运用 EViews6.0 分析，输出实验结果，变量带入过程显著性基本稳定，在 5% 显著性水平上，税收政策、财政政策、企业家学历水平、出口交货值对转型升级效率具有一定的影响，显著性较弱，但仍可以从分析结果中说明一些问题，分析结果见表 6-4，因变量为转型升级效率。

表 6-4　被解释变量为：转型升级效果

变量	系数		t-XT 统计量	概率
XT	XT 9.467573	1.704480	5.310327	0.0004
LNT	0.046462	0.008043	0.453338	0.0002
LNG	−0.231833	0.161313	−2.273386	0.0632
LNE	−0.187088	0.201735	−1.827396	0.3654
LNF	0.037361	0.042481	0.879477	0.3901
拟合度	0.645723		XT- 统计量	20.83104

从表 6-4 中可以看出，税收政策、财政政策、企业家水平以及对外出口贸易对转型升级效果的影响呈现一定的差异性，税收与转型升级效果正相关，但相关度不明显，而财政政策、企业家水平与转型升级效果负相关；对外贸易与转型升级效果正相关，相关系数较低。

税收政策是一种基于结果为导向的激励措施，更多地鼓励中小企业在转型升级中投入研发、提升管理质量、优化商业模式。例如高新技术企业税收优惠政策，更多的是引导企业走高质量、内增长的模式，使企业更倾向于转型升级的质量和成果。此外税收优惠按成本比例进行减免的方式，使企业更加注重投入产出效率的提升。

财政政策是一种计划型激励措施，更多是对计划申报的且符合条件的企业进行的一种货币支持。对于中小企业而言，其资金要素较为有限，在有财政补贴的情况下会优先考虑如何获取政府资源，从而导致企业在申报政府补贴过程中投入较多成本，对转型升级过程中的效果和实际措施关注不足。此外在财政补贴力度较大的情况，政府出于监管需要会提高企业申报要求，造成企业在获取资源中更多制度性交易成本的投入；而在补贴力度较小的情况下，企业可能会出现机会主义行为，聚焦于如何获取补贴而非转型升级本身。

企业家水平与转型升级效率呈现负相关并非指企业家学历越高对转型升级效率越有制约作用，通过对中小企业企业家高学历水平者的深入分析，当前中国中小企业多处于创一代和创二代的交接中，高学历者多为家族型企业第二代负责人，受教育水平较高，有较好的视野和现代化管理理念，但行业经验积累较少，在转型升级中较为愿意投入资源，而对企业发展规律缺乏足够认知，造成投入产出效率一般。

对外贸易呈现正相关，表明向发达地区出口可以提升企业在产品、品牌等方面的转型升级效率。发达地区较高的标准和认证对中小企业在工艺、质量等方面提出较高的要求，也给出了企业在产品研发、市场进入等方面的发展导向，使得企业在转型升级中能够明确资源投入方向，优化投入结构，提升在转型升级中的效率。

3. 财税政策激励的中介

为了进一步分析财税政策的激励作用机理，引入科技经费投入为中间解释变量，观察税收政策、财政补贴政策对科技经费的投入影响，从而对两者与转型升级效果的相关性给出中介解释。运用多元回归，分析结果见表 6-5。

表 6-5　被解释变量：科技经费投入

变量	系数	标准差	XT- 统计量
XT	10.80924	4.513345	1.394950
XT	4.094164	1.733178	1.362229
XT	−3.134880	1.670180	−0.876970
拟合度	0.515723	XT- 统计量	12.153630

从表 6-5 可以看出，税收政策和财政政策对科技经费投入的影响与对转型升级效果的影响基本一致，表明税收政策可以正向影响企业对科技经费的投入，并进而作用于转型升级，提高其效率；而财政政策对科技经费的投入有一定挤出效应，企业转型升级过程中更倾向于从政府获得额外资源，规避风险、节约成本，且使用效率不高，对转型升级的效果难以"监督"。

6.4.4 结论分析及建议

中小企业转型升级的财税政策投入效率整体偏低，税收和财政补贴政策对其影响具有明显的差异性。转型升级效率偏低的主要原因在于技术效率较低，财税政策需要改进投入结构，加大税收政策投入力度，减少财政补贴政策；税收和财政补贴政策主要通过科技经费投入的影响作用于转型升级效果；此外企业家水平和对外贸易对转型升级也有不同影响。因此中小企业转型升级可以从以下几个方面改进。

1. 加大税收政策力度

扩大税收政策的优惠力度，在中小企业转型升级中的科技投入、产品研发、市场拓展等方面给予所得税抵扣，并通过对研发成果的市场效应给予税收返还，鼓励企业在转型升级中致力于有创新、有质量的投入；降低企业申报税收优惠门槛，引导小微型制造业企业积极开展转型升级活动。

2. 减少或调整财政政策

改变原有计划申报型的财政补贴方式，整合财政资金，通过转型升级的效果，在科技投入环节给予一定奖励。例如在专利申请和保护、研发人员待遇等方面给予一定支持，在企业融资等方面给予利息补偿，从根本上提升中小企业转型升级的效果。

3. 优化政策结构

政府要注重政策结构间的关联，税收和财政对企业的影响具有反向关系。在政策的实施和制定中，要保持政策影响的一致性，避免造成部分政策失效，要进行增量政策与存量政策的关系梳理，力争政策间形成组合补充关系。优化政策激励的适用场景，明确中小企业在转型升级中的实际需求，提升财税政策在企业中的利用效率。

6.5　减税降费下中小企业创新投入分析

创新驱动要求中小企业在转型升级过程中，以创新投入为动力，改变原有的产品、市场及管理能力。这要求中小企业持续性的创新投入，例如在新产品研发、仪器设备购买等方面有较大的支出。中小企业在资金储备及抗风险能力上较弱，创新的不确定性会导致中小企业在创新投入上的谨慎。我国自2018年开始大规模施行减税降费，主要目的在于让利于企业，将更多的利润留在企业，使其有更加宽松的资金用于创新投入。

那么中小企业是否利用减税降费政策带来的红利？是否仅仅在于节约了企业成本，对创新投入是否具有一定的促进作用呢？因此本节运用双重差分（DID）和数据包络分析（DEA）进行减税降费的政策激励效应和效率研究，试图揭示减税降费政策对中小企业创新投入的影响。

6.5.1 研究设计

双重差分法（DID）被认为是政策评估的常用方法，通过实验组和对照组的反事实控制，检验政策实施和不实施情况下因变量的变化。双重差分可以有效评估政策的实施效果，但无法对政策的投入效率进行分析，即只能评估政策是否有效，不能评价政策是否达到有效规模和结构。数据包络分析（DEA）可以从最优产出或有效投入的视角进行效率分析。减税降费政策不仅需要评估其是否有效，还需评估在税费减免力度、规模和范围上的效率，即是否应该继续扩大减税降费的规模还是调整减税降费的政策结构。因此本书将综合双重差分和数据包络分析法，基本框架见图6-9所示。

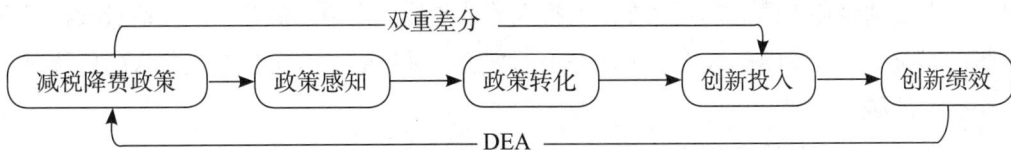

图 6-9　减税降费效应分析框架

中小企业对减税降费政策需要经历政策感知与政策转化的过程，此后进入创新投入决策，最后形成创新绩效。由于小微企业的异质性，在政策感知和转化中，其最终用于创新投入的资金、人力具有一定差异。在企业自身创新能力和市场外部因素的双重影响下，创新绩效也呈现出一定的差异。因此，通过双重差分可以检验其对创新投入的促进作用，而创新绩效受制于企业创新能力的影响，通过 DEA 分析可以检验减税降费在政策规模和结构上是否存在冗余或不足。在此基础上与双重差分进行联合分析，在目前的技术水平或企业创新能力水平下，减税降费政策是否值得增加投入，政策是否能为企业较好地利用。

6.5.1.1 双重差分模型的构建

1. 模型构建

大规模减税降费始于 2018，以增值税率的下调为主要标志，但自 2014 年开始，针对中小企业的营业税和增值税费在一定额度内的免征已经开始实施。因此将 2014 年以来针对中小企业的一系列减税政策看作是一次持续性并且准自然实验。减税降费的实施中，增值税、所得税等优惠减免对中小企业的影响更大（如免征额的提高等），对政策的敏感性要明显强于大企业，因此将中小企业作为处理组，大型企业作为本次实验的对照组。基于此，本文构建如下减税降费政策效应模型。

$$innovation = \alpha_1 + \beta_1 * PolicyTr * Ti + \beta_2 * control + Findustry + Fyear + \varepsilon$$

其中 $innovation$ 为被解释变量，用来衡量中小企业的创新投入。$PolicyTr * Ti$ 为交互项，如果中小企业第 t 年在减税降费政策影响下的税负降低，则 $Ti=1$，否则 $Ti=0$。$PolicyTr$ 为实验组和对照组的区别，若企业为中小企业则为 1。时间虚拟变量 Ti 的赋值原则是按照实验前年份为 0，实验后年份为 1，在本次实验中我们选择的数据是 2012-2019 年浙江省中小企业与大型企业的数据，即如果时间 2014 月 1 月以后，则 $Ti=1$，否则 $Ti=0$。$Findustry$ 代表企业的行业固定效应，$Fyear$ 代表企业的时间固定效应。$Control$ 为影响中小企业创新强度的其他控制变量，ε 为随机扰动项，β 为回归系数，其中 β_1 为减税降费的政策效应。

2. 变量说明

被解释变量为中小企业创新投入，用科技人员数、设备投入额、研发强度等作为观测值。考虑到企业个体规模效应在研发投入上的差异，用绝对值难以准确衡量减税降费政策的影响，因此借鉴李维安等（2016）的方法，采用研发费用与营业收入的比值测量中小企业的研发强度。

解释变量为减税降费政策效果。与以往研究不同，没有直接将政策的是否实施作为虚拟变量（0 或 1），而是将减税降费后中小企业的税负是否变化作为虚拟变量。这主要考虑两个方面的因素，一是政策实施主体的执行效果，二是政策实施后的时间滞后效应。此外企业在政策的激励下，有一个感知和转化的过程，不同企业的感知和转化程度具有一定差异。税负变化可以跨越政策实施过程中的扰动因素，以实际效果作为解释变量能更好地定义减税降费政策的激励效应。计算参考房飞（2020）的方法，$TAX=$ 税费支出 / 营业收入，若 $TAXb=TAX（t）-TAX（t-1）$，若 $TAXb < 0$ 则 $TAXit=1$，否则为 0。

控制变量为企业个体在创新投入强度上的差异。中小企业对资金的敏感度较高，创新投入需要大量资金的调配，因此中小企业在资产总额、营收变化以及负债率等方面的财务指标对是否进行创新投入具有重要影响。借鉴孙继国（2020）等人的研究，选取规模、总资产收益率、资产密集度、企业成长率和负债率作为控制变量。企业规模 $size$ 取中小企业总资产的自然数对数，总资产收益率 $roa=$ 净利润 / 总资产，资产密集度 $ai=$ 固定资产 / 总资产，企业成长率 $growth=$ 营业收入增长率，负责率 $lev=$ 总负债 / 总资产。本书在模型中控制了行业效应 $Findustry= \sum_{j=1}^{n} \beta_j industry_{ij}$、时间效应 $Fyear= \sum_{t=1}^{n} \beta_t year_{ij}$。具体见表 6-6。

表 6-6　双重差分变量说明表

变量类型	变量名称	代码	变量说明
被解释变量	科技人员投入数	SAE	科技人员投入数（万人）
	仪器设备投入	IAE	仪器设备投入额（万元）
	研发强度	RD	企业研发费用 / 营业收入
解释变量	税负率	TAXit	当年税负率 / 上年税负率
控制变量	企业规模	size	企业总资产的自然对数
	总资产收益率	roa	净利润 / 总资产
	资产密集度	ai	固定资产 / 总资产
	企业成长率	growth	营业收入增长率
	负债率	lev	总负债 / 总资产

6.5.1.2 减税降费政策投入效率的 DEA 模型构建

1. 模型构建

减税降费政策对中小企业创新绩效的影响分为两个阶段。第一阶段为政策投入期，中小企业通过政策的感知，形成创新投入决策；第二阶段为政策转化期，中小企业将创新投入转化为创新绩效，即创新产出。第一阶段体现了政策在规模和力度上的效率，第二阶段体现了中小企业对政策的利用效率。因此借鉴 Wang C H（1997）和 Yao C（2004）等人的两阶段 DEA 模型进行政策效率模型构建，见图 6-10 所示。

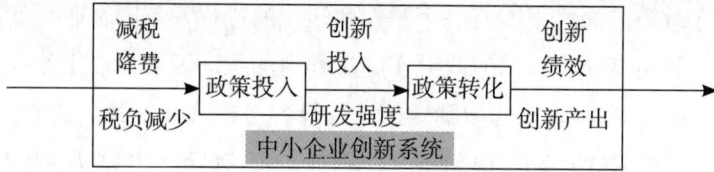

图 6-10　两阶段 DEA 分析过程图

在政策投入和政策转化阶段分别套用经典 DEA 模型，其计算表达式如下。

$$\text{Min}\left[\theta - \varepsilon\left(\sum_{i=1}^{n} s^- + \sum_{i=1}^{m} s^+\right)\right], \quad s.t. \begin{cases} \sum_{i=1}^{n} a_i \lambda_i + s^- = \theta x_0 \\ \sum_{i=1}^{m} y_i \lambda_i - s^+ = y_0 \\ \lambda_i \geq 0, \ s^+ \geq 0, \ s^- \geq 0 \\ \sum_{i=1}^{n} \lambda_i = 1 \end{cases}$$

2. 投入产出变量说明

第一阶段投入变量取 2015 年 1 月后，每年减税降费总额，产出为小微企业科技人员数、仪器设备投入额；第二阶段投入变量为科技人员数、仪器设备额，产出为创新绩效。创新绩效采用新产品销售收入，且考虑到研发的滞后性，以滞后一年的新产品销售收入作为创新绩效的产出值。

6.5.1.3 样本选择与数据来源

本书选取浙江省中小企业为研究实验组对象，浙江大型企业为对照组。双重差分分析数据通过第二章转型升级调查中的 378 家中小企业 2012—2020 年的跟踪数据（均为制造业），依据制造业国家规上认定标准进行划分，其中中小企业数占比 68.2%，规上企业占比 31.8%。DEA 分析数据使用的基础数据来自 2012—2020 年的《浙江省统计年鉴》，并结合浙江省第三、四次经济普查截面数据进行比对。原始样本数据剔除金融、房地产等行业以及数据不完整的行业，以制造业样本为主体。采用 Excel 2007 对原始数据进行初步筛选，使用 Stata15.0 软件进行实证分析。

6.5.2 数据统计与实证分析

6.5.2.1 描述性统计

由于本节综合利用双重差分和 DEA 模型进行减税降费效应和效率的分析，因此有 2 张描述性统计表，其中双重差分模型描述性统计见表 6-7，DEA 投入产出见表 6-8，其中 SAE、IAE 考虑到数量级的影响取自然数的对数。

表 6-7　双重差分描述性统计表

变量	对照组				处理组			
	最小值	最大值	均值	标准差	最小值	最大值	均值	标准差
$Ln(SAE)$	2.33	3.81	3.12	2.51	2.17	2.51	2.28	0.29
$Ln(IAE)$	5.24	5.81	5.52	3.93	5.06	5.48	5.30	3.31
RD	0.0022	0.0379	0.0173	0.0129	0.0028	0.023	0.012	0.0074
$TAXb$	-0.24	0.70	0.0380	0.3540	-0.31	0.84	0.176	0.523

运用皮尔逊相关检验变量之间的多重共线性关系，发现相关系统数均低于 0.5，这表明变量互相独立，为后续双重差分的实证分析结果的准确性提供了保障。

由于 DEA 分析可以忽略数量级带来的计算误差与异常，故投入产出数据均直接取自 2012—2020 浙江省统计年鉴数据库，并整理如表 6-8 所示。

表 6-8　2012—2020 投入产出值

变量	最小值	最大值	均值	标准差
新产品销售收入 / 元	50 317 880	83 453 582	62 422 252.13	9 318 917.254
科技人员数	102 917	451 752	184 317.125	112 131.1427
仪器和设备额 / 元	1 224 008.8	33 28248	2 117 595.85	637 037.3896
减税降费额 / 亿	850	1 879.34	1 348.39	350.6960419

6.5.2.2 实证分析

1. 减税降费政策对创新投入的影响

（1）双重差分的基准回归分析

首先进行减税降费对中小企业创新投入的影响分析，具体结果见表 6-9。其中模型 1、模型 3、模型 5 是没有加入控制变量情况下的估计结果，模型 2、模型 4、模型 6 为加入控制变量后的结果。模型 1 和模型 2 的 $PolicyTr \times Ti$ 系数分别在 1% 和 10% 的水平上显著为正，模型 3 和模型 4 的 $PolicyTr \times Ti$ 系数均在 10% 的水平下显著为正，这表明减税降费促进了中小企业的创新投入，验证了假设 H1a。模型 5 和模型 6 的 $PolicyTr \times Ti$ 系数为 -0.002 和 -0.051，表明减税降费对研发强度有弱的负向影响，但并不显著，这否定了假设 H1b。由于研发强度有研发经费占营收的比值确定，减税降费政策带来的红利虽然促进了中小企业在科技人员和仪器设备上的投入，但其研发强度的提升没有达到企业应有的预期。也可能存在原先在相对较高税负水平下（但对研发费用有针对性政策），中小企业通过研发经费的虚支规避税费。在减税降费政策的冲击下，其虚支的动机降低，从而使研发强度未呈现增长趋势。

表 6-9 基准回归结果

变量	SAE（模型 1）	SAE（模型 2）	IAE（模型 3）	IAE（模型 4）	RD（模型 5）	RD（模型 6）
TAX	0.208***（0.092）	0.231**（0.148）	0.183*（0.102）	0.270*（0.253）	-0.002（0.074）	-0.051（0.023）
size		0.542***（0.073）		0.601***（0.064）		0.731***（0.042）
roa		0.323***（0.043）		0.287**（0.055）		-0.065*（0.005）
ai		0.647（0.130）		0.601（0.108）		-0.0539（0.101）
growth		0.241***（0.301）		0.249***（0.193）		-0.0057（-0.121）
lEV		0.946*（0.193）		0.997*（0.188）		0.0532（0.0302）
con_s	2.116***[0.184]	2.213***[0.347]	2.712***[0.242]	2.811***[0.248]	-1.977***[0.539]	-1.166***[0.457]
YEAR	Control					
Industry	Control					
R-squared	0.651	0.711	0.647	0.682	0.317	0.416

注：***、**、* 分别表示在 1%、5% 和 10% 水平上显著，括号中为 t 值

从模型 2、模型 4 和模型 6 的结果来看，加入控制变量后，税负率变化的影响仍然显著。控制变量 size 对科技人员投入（SAE）、仪器设备投入（IAE）以及研发强度（RD）均产生正向影响，表明企业规模在中小企业的各项创新投入中起重要作用。变量（roa）对研发强度（RD）影响为负，对科技人员投入（SAE）、仪器设备投入（IAE）影响为正，表明中小企业的利润可以促进科技人员和仪器设备的投入，但在研发强度上有弱的负向效应。可能由于中小企业经营中，原有产品带来的高利润会产生一定的"路径依赖"，在研发强度的提升迫切性上反而不如利润低的企业。

（2）平行趋势检验。

为了检验双重差分模型的共同趋势，借鉴 Jacobson、孙继国等（2020）的方法，将交互项 PolicyTr×Ti 替换为分组虚拟变量 PolicyTr 和政策实施后年份虚拟变量 year 的交互项，利用事件分析法构建减税降费对中小企业创新投入的动态效应分析模型，具体如下。

$$innovation = \alpha_1 + \sum_{t=-3}^{5} \beta_t \times P_{i,T+t} + \beta_2 * control + Findustry + Fyear + \varepsilon$$

上式中 XT，T-t 为减税降费政策前后的虚拟变量，t 表示政策实施的前后年数，-3 表示政策实施前 3 年，考虑政策实施的滞后效应，实施年份为政策颁布的后一年，即 2015 为政策实施的第一年。β_t 为检验的系数，表示减税降费实施前 3 年和实施后 5 年，

对照组和处理组之间的创新投入差异。图 6-11~ 图 6-13 分别表示了以科技人员、仪器设备以及研发强度作为被解释变量的政策影响趋势，虚线为 95% 的上下界。

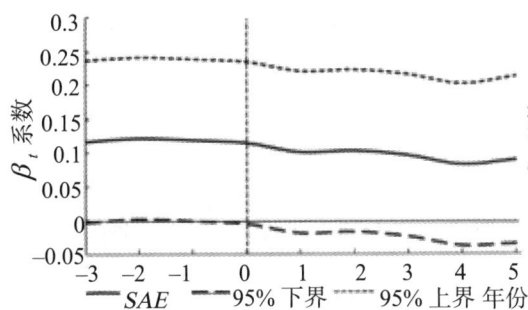

图 6-11 SAE 的平行趋势检验

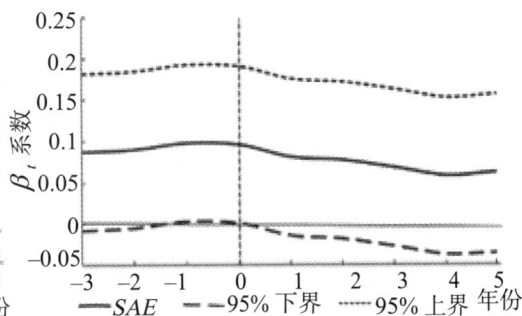

图 6-12 IAE 的平行趋势检验

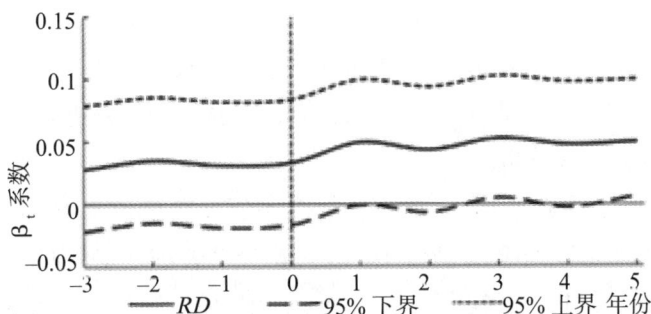

图 6-13 RD 的平行趋势检验

从结果来看，在减税降费政策实施前 3 年中，β_t 系数较为平缓，在政策实施后一年科技人员投入、仪器设备投入与对照组差异逐渐缩小，研发强度差异与对照组差异呈现扩大趋势，表明小微企业与规上企业的科技人员投入、仪器设备投入额差异在减少，而研发强度差异却呈现出一定的平稳性。这间接验证了减税降费对中小企业创新投入在科技人员数、仪器设备额投入上的促进作用，在研发强度上的抑制作用。

（3）稳健型检验

中小企业创新投入受到自身财务状况的影响较为显著，创新投入的内生性问题是本文稳健性检验的主要目的。由于此前创新投入已经考虑到政策的时滞效应，参照孙传旺（2019）和李春涛（2020）的做法，将所有控制变量滞后两期，重新回归，实证结果如表 6-10 所列。

表 6-10　稳健型检验结果

变量	SAE 滞后两期	IAE 滞后两期	RD 滞后两期
TAX	0.113* （0.083）	0.108* （0.066）	-0.031 （0.028）
控制变量	控制		
R-squared	0.647	0.532	0.571
注：控制变量不是本书的核心变量，故未显示			

从结果来看，科技人员投入数、仪器设备投入额以及研发强度的系数估计结果、显著性和影响关系与表 3 基准回归结果一致，验证了前文实证分析的稳健性。

2. 减税降费的政策效率分析

构建两阶段 DEA 分析模型，将政策投入效率分为两个阶段分析。第一阶段以减税降费政策强度为投入量，中小企业创新投入为产出量；第二阶段以中小企业创新投入为投入量，创新绩效为产出量。由于 DEA 分析对异常值较为敏感，更适用于宏观分析，而中小企业的数据往往存在部分缺失，因此将 DEA 按时间序列进行分析，这样也更有助于政策动态效应的比较分析。

本节将浙江省中小企业样本按年整合成一个决策单位（DMU），选取浙江省 2012—2020 年浙江省统计年鉴，浙江第三、四次经济普查年鉴数据库。第一阶段的分析以减税降费实施后 2015—2020 年为决策单元，第二阶段以 2012—2020 年为决策单元，综合评价两阶段下的政策效率变化，具体见表 6-11。

表 6-11　减税降费政策效率

决策单元	第一阶段				第二阶段			
	综合	技术	规模	报酬	综合	技术	规模	报酬
2012					1.000	1.000	1.000	
2013					0.951	0.966	0.984	drs
2014					0.951	0.992	0.959	drs
2015	0.911	0.916	0.994	irs	1.000	1.000	1.000	
2016	1.000	1.000	1.000		1.000	1.000	1.000	
2017	0.910	0.919	0.990	drs	0.914	0.928	0.985	irs
2018	0.911	0.924	0.986	drs	1.000	1.000	1.000	
2019	1.000	1.000	1.000		0.9222	1.000	0.922	drs
2020	0.909	0.917	0.991	drs	0.938	0.956	0.982	irs

从第一阶段 DEA 综合效率来看，政策投入效率在逐步上升，表明政府在减税降费过程中不断优化政策结构和规模，对中小企业创新活动的精准指向性越发显著。在 2017—2018 年，规模报酬递增，表明通过减税降费能较好地改善中小企业在创新投入

方面的提升，因此自 2015 以来实施的税制改革和大规模减税降费政策是值得持续性投入的。在 2016 年和 2019 年效率最高，考虑到政策的滞后性，表明 2016 年前后全面施行的营改增和 2018 年开始的以增值税为主体的税率调整对中小企业的创新有较好的支持度。

从第二阶段的综合效率来看，中小企业在创新效率方面的变化不显著，并未与政策投入效率呈现同步。将第一阶段与第二阶段的综合效率值绘制成时间序列图，见图 6-14。从 2016 以后整体创新效率还呈现下降趋势，表明中小企业增加创新投入，在创新绩效方面没有显著提高。这也表明中小企业在获得政策支持的同时，由于自身创新能力的限制，增加的投入不能充分转化为创新绩效。在 2017 年和 2020 年规模报酬出现递减，表明通过扩大投入的方式无法提升创新绩效，迫切需要改善其自身内部管理水平，提高政策的转化效率。

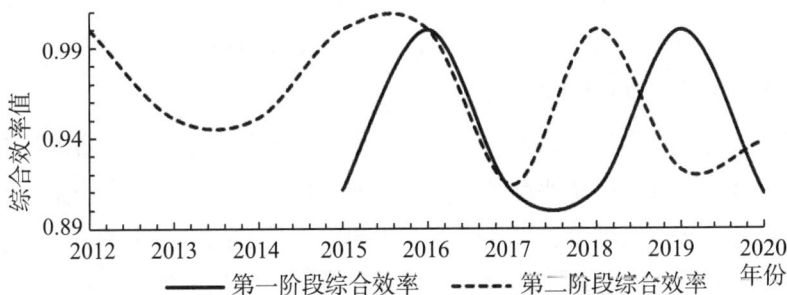

图 6-14　两阶段综合效率趋势图

从表 6-11 和图 6-14 的结果中可以看出，政策效率与创新效率呈现同步波动趋势，政策效率具有显著的滞后性。减税降费政策可以提升其政策范围和力度，从而促进中小企业在创新投入上的增加，但无法提升中小企业创新效率。创新的不确定性和高风险性使得中小企业在创新绩效的产出上受多种因素的制约，例如行业市场的竞争度、企业本身所积累的资源要素以及一些随机性因素的干扰。因此，减税降费政策从企业创新的输入环节上，节约了成本，使中小企业有动力提高创新投入，但受制于自身经营或能力问题，中小企业更多将利润留存于企业，减税降费的政策红利并未全部转化为创新投入。这也间接说明中小企业在创新投入上更加谨慎和风险规避的倾向。

通过纯技术效率和规模效率的进一步分析可以看出，2016 年和 2019 年减税降费政策的规模效率达到最优，而纯技术效率仍有改善空间，这验证假设 H2a 和 H2b。这给予我们一个重要启示，自 2018 年的增值税税率改革提升了政策效率，一个有针对性的税制结构改革可能会增加中小企业的创新投入，而 2015 年开始的部分行政审批费减免等仍有巨大改革空间。因此，减税降费政策不仅要建立一个更加普适的税率体系，在不同税种上，例如增值税、所得税以及附加税等方面要建立统筹协调的政策体系，在让利于企业的同时，也真正能够使得中小企业走创新驱动的内涵式发展模型。

6.5.3 结论与建议

减税降费政策能够促进中小企业的创新投入。在科技人员数、仪器设备额的投入上，减税降费政策给予了显著的激励效果，使得中小企业在创新投入的规模上有显著增加。减税降费政策对中小企业的研发强度具有弱的负向效应。虽然从研发强度的绝对值看呈现增长趋势，但尚未达到应有的增长率。减税降费政策在促进中小企业研发费用的投入增长上尚未达到应有的效果。

减税降费政策在中小企业创新投入上综合效率不高，规模报酬递增，纯技术效率较低。随着减税降费政策的持续，其效率逐步上升，可加大减税降费的力度。从中小企业创新效率看，其综合效率和纯技术效率保持平稳，减税降费政策没有产生冲击效应。通过两阶段的 DEA 效率分析值比较可知，减税降费政策在促进创新投入上有较好的效率，对创新绩效的产出效率尚未产生影响。因此减税降费政策可适当调整政策结构，并适度扩大规模，提升政策对创新的驱动效率。

基于以上结论，提出如下建议。第一减税降费政策应持续保持。通过减税降费政策规模和结构协调，促进中小企业创新投入的增加。减税降费政策在中小企业研发费用的支持上可以借鉴最优税制理论，设计研发费用的累进税制抵扣，使得中小企业的研发投入有更加显著的提升。第二减税降费政策应当注重结构优化。在以增值税为主的税率优惠下，扩大所得税、附加税等一系列税种统筹，从创新投入的人员、设备以及创新产出绩效的全过程促进中小企业创新活力。第三减税降费政策要注重与中小企业创新效率的协同。中小企业创新效率受多种因素的制约，让利于企业的红利难以全部转化为创新。减税降费政策要适度保持企业的创新紧迫感，避免中小企业在一定利润红利下的"路径依赖"和"低端锁定"，从创新驱动的内生发展上优化减税降费政策的效率。

第七章 古越龙山公司——多品牌管理战略案例研究

7.1 案例介绍

7.1.1 企业介绍

7.1.1.1 发展历程

1994 年 8 月，以绍兴市酿酒总公司和绍兴市沈永和酒厂为核心，设立了中国绍兴黄酒集团公司，隶属于绍兴市轻工业总公司，为国家大型一档企业；同年，集团公司与日商共同出资设立了绍兴古越龙山酒业有限公司。至此，连同与绍兴市沈永和酒厂一并进入集团公司的绍兴永盛酒业有限公司，集团公司共计拥有了两家中外合资的控股子公司。

1997 年 5 月，"古越龙山"股票成功在上海证券交易所上市，成为中国黄酒第一股，开创了黄酒行业进入股市的先河。

1999 年 1 月，经国务院批准，集团公司列入 520 家国家重点企业。古越龙山商标被国家市场监督管理总局认定为中国驰名商标，登上中国黄酒第一品牌宝座。

公司从 1994 年至今，历任中国酿酒工业协会黄酒分会理事长单位，经过多年持续稳定的发展，特别是 2004 年以来，公司综合经济效益始终位于行业龙头。

企业拥有集团公司的年产万吨和年产 2 万吨的机械化黄酒生产线各一条和万吨瓶酒灌装线，以及 20 多条传统工艺黄酒生产线，形成年产黄酒 6 万吨，白酒 3 000 吨，瓶酒灌装 2.8 万吨的生产能力，同时承继集团公司绍兴黄酒生产和销售的主要业务，并拥有集团公司"古越龙山""沈永和"商标的使用权，成为国内最大的绍兴黄酒生产基地。

7.1.1.2 主营范围

黄酒、白酒、饮料、食用酒精（不含化学危险品）、副食品及食品原辅料（凭卫生许可证）、玻璃制品的开发、制造、销售，经营该企业或成员企业自产产品及相关技术出口业务，经营该企业或成员企业生产科研所需原辅材料、机械设备、仪器仪表、零配件等商品及相关技术的进口业务；承办中外合资经营、合作生产及开展"三来一补"业务。

7.1.1.3 公司成绩

2015年，古越龙山绍兴黄酒登上白宫国宴，"古越龙山金五年"成为第二届世界互联网大会指定用酒，绍兴酒香飘乌镇。

2016年7月12日，绍兴鉴湖酿酒老厂区成功申请为"绍兴黄酒传统酿制工业遗产保护基地"。

2016年8月15日上午，绍兴市越城区市场监督管理局局长梁钦鸿一行到访黄酒集团，为企业送上省工商局认定的"浙江省商标品牌示范企业"奖牌及证书。

2016年8月18日，浙江古越龙山绍兴酒股份有限公司与山东东阿阿胶股份有限公司举行战略合作签约仪式，两家百年老字号互相借力，跨行业合作进军高端保健养生市场。

2016年8月26日，由中国酒类流通协会和中华品牌战略研究院联合举办的第八届"华樽杯"中国酒类品牌价值200强出炉。古越龙山以63.35亿元的品牌价值名列第56位，居黄酒品牌之首。女儿红以18.26亿元的品牌价值名列第176位，共有8个黄酒品牌入列200强。

7.1.2 行业介绍

7.1.2.1 行业概况

2002年一季度报告显示，目前全国黄酒生产企业700余家，大型企业有中国绍兴黄酒集团、东风绍兴酒有限公司、上海金枫酿酒公司3家，中型企业30家，其余为小型企业。黄酒产销集中在江、浙、沪、闽、皖等地区，总量占全国的83%～88%。上市公司四家："古越龙山"（中国绍兴黄酒集团）、"兰陵陈香"（兰陵美酒公司）、"轻纺城"（东风绍兴酒有限公司为成员之一）、"食品一店"（上海金枫酿酒公司为成员之一）。

7.1.2.2 行业特点

（1）黄酒的主要市场是餐饮市场和居家消费。区别于啤酒、白酒和饮料，黄酒市场既没有主导市场的著名品牌，竞争也不激烈，因此，新品容易进入，行业壁垒低。在其市场导入期内，主要竞争对手是啤酒。夏季，各类饮料也是黄酒季节性的竞争对手。

（2）我国黄酒市场可简单分为导入市场或引导市场、成长市场和成熟市场。成熟市场以上海、浙江、苏南地区为代表。成长市场以北京、福建、广东、河南、山东为代表，其余地区为导入市场。成熟市场基本上是全面接受黄酒的各类品种，消费者鉴别能力强，区域内产品质量过硬，假冒伪劣冲击市场的情况较少；成长市场中有部分地区消费也较成熟，但总体上黄酒品种良莠不齐，格局涣散，消费者缺少相关鉴别常识。

（3）黄酒作为传统行业，在国际竞争优势上具有垄断性，其生产工艺和技术都有独创性。

（4）黄酒具文化传承性，其本身蕴含的历史文化底蕴远远在汉字之上。黄酒的酿造史也是中国社会的社会发展史和人文进步的推进史。

（5）黄酒消费呈现两极分化，消费层分布存在断层，其离大众消费品还有明显的距离。

7.1.3 行业现状

近年来，中国黄酒行业的现状却不容乐观。宏观面上，各啤酒、白酒、葡萄酒生产企业依靠巨额广告投入和强大的媒体攻势，通过实施地毯式的广告轰炸，借助现代营销模式，争夺各个层面的消费群体。而国外的众多洋酒企业对中国广阔的市场更是觊觎已久，他们通过合资、独资、参股、控股等多种方式，积极抢滩中国的酒类消费市场。微观层面上，中国黄酒存在产品地域性强，全国黄酒生产能力约为 140 万吨，其中浙江一省就占了近 50%、江苏占 15%。

7.1.3.1 体量规模小

黄酒行业营收和利润规模在四大酒种中居最末，占比不足 2%。相比其他酒种，特别是白酒，黄酒行业营收和利润规模较小，2014 年黄酒行业整体营收为 158.6 亿元，远低于白酒行业 5 258.9 亿元的市场规模，占酒类营收比重仅为 1.8%；2014 年黄酒行业利润总额为 16.9 亿元，远小于白酒行业 698.7 亿元的利润，占酒类利润比重仅为 1.7%。2012 年前，黄酒行业的营收占比和利润占比呈下降趋势，从高点 2003 年的 2.9% 和 3.3% 分别下降到 2012 年的 1.8% 和 1.4%；2012 年后黄酒行业营收和利润占比略微反弹，见图 7-1、图 7-2。

从左至右依次为白酒、啤酒、葡萄酒、黄酒

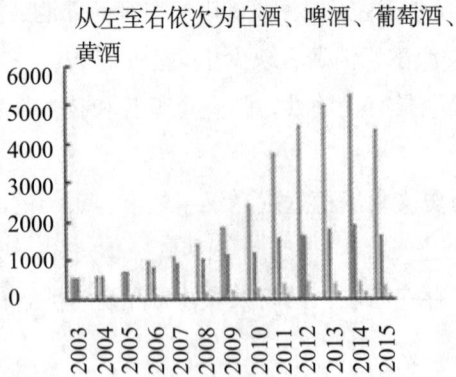

图 7-1 四大酒种主营收变化趋势图（亿元）

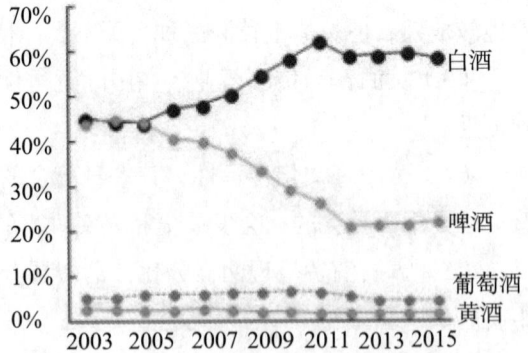

图 7-2 四大酒种主营收入占酒类比重变化趋势图

7.1.3.2 低价泥淖

从四大酒种均价对比来看，黄酒价格明显落后，2014 年前均价呈下降趋势，按照各个酒类制造行业总体的营业收入和产量分别计算黄酒、啤酒、白酒和葡萄酒的均价。后三种酒的均价近年来一直稳步攀升，2015 年白酒、葡萄酒和啤酒的均价（营收 / 产量）分别为 4.17 元 / 升、3.88 元 / 升和 0.39 元 / 升，而黄酒均价小幅下降，至 2014 年仅为 0.58 元 / 升，随后在 2015 年恢复上涨（0.60 元 / 升）。与同为大众饮品的啤酒比较，黄酒对啤酒的价格领先幅度从 2008 年最大的 0.74 元 / 升缩小到 2015 年的 0.21 元 / 升；而同样作为中国特色饮品的白酒，对黄酒的价差已经从 1.58 元 / 升扩大到现在的 3.57 元 / 升，见图 7-3。

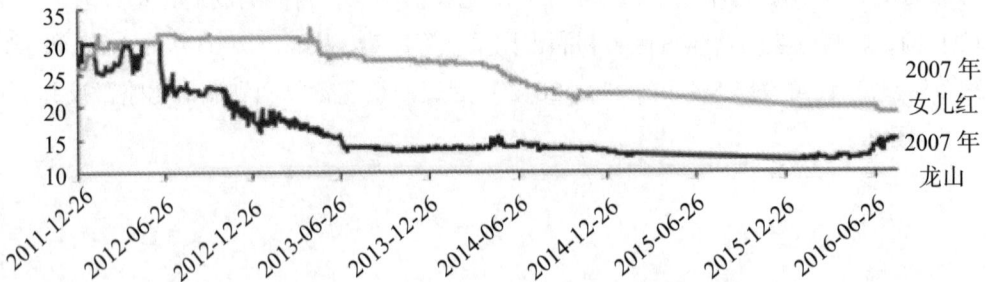

图 7-3 2007 年龙山和 2007 年女儿红价格对比图

7.2　案例分析

7.2.1 环境分析——基于 PEST 模型

PEST 分析是指宏观环境的分析，宏观环境又称一般环境，是指一切影响行业和企业的宏观因素。对宏观环境因素做分析，不同行业和企业根据自身特点和经营需要，分析的具体内容会有差异，但一般都应对政治环境、经济环境、社会环境和技术环境这四大类影响企业的主要外部环境因素进行分析，见图 7-4。

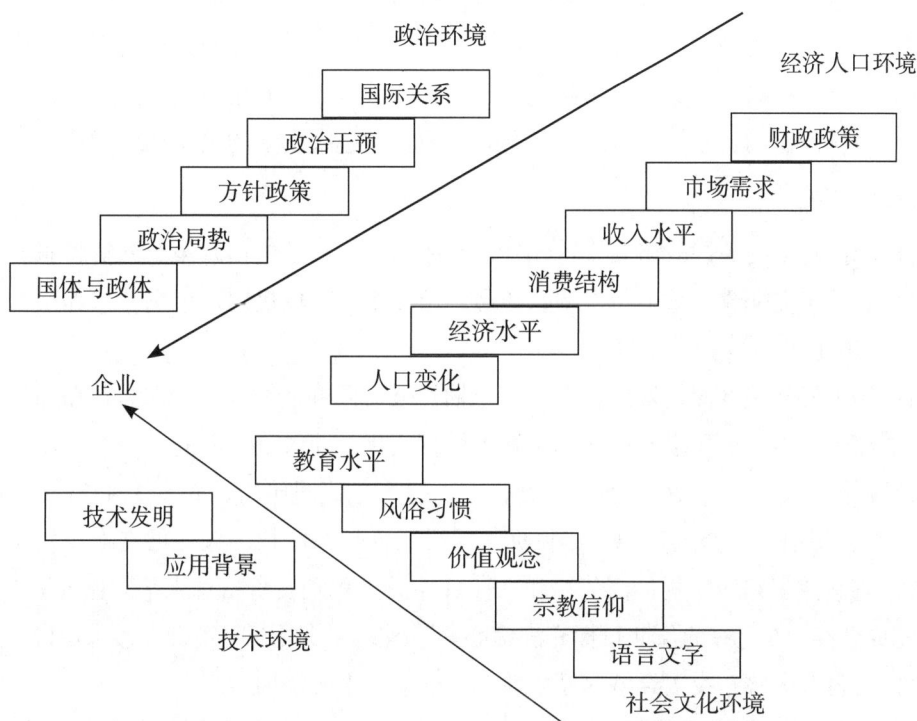

图 7-4　PEST 分析图

1. 政治环境

政治环境主要包括政治制度与体制、政局、政府的态度等；法律环境主要包括政府制定的法律、法规。

政治体制：国家的酿酒行业政策是积极发展黄酒。根据"十五"计划和 2015 年规划，黄酒产量要从 2000 年的 145 万吨增加到 2015 年的 250 万~280 万吨。黄酒行业仍然有很大的增长空间。目前黄酒在各种酒类产品中的消费税负最轻，体现了国家对黄酒行业的扶持。

法律角度：古越龙山有非常大的机会。第一，国家质量监督检验检疫总局、国家市场监督总局根据《原产地域产品保护规定》，将绍兴黄酒列入保护产品名单，这一措施有利于提高古越龙山黄酒产品的声誉、品牌价值，维护传统特色，为古越龙山公司做大做强提供了条件。第二，近几年国家鼓励黄酒出口，在很多产品下调甚至取消出口退税的大环境下，维持黄酒 13% 的出口退税。根据规定，黄酒属于从量计征的消费税产品，黄酒每吨定额征收的消费税为 240 元，是饮料酒中税负最低的。一系列政策的出台、实施在一定程度上说明黄酒在中国酒类行业中的特殊地位，以及国家对黄酒行业发展的重视。

政局角度：中国的繁盛，中国的强大，中国在世界贸易组织中越来越显举足轻重的地位，带动了中国特色产品的出口及远销。在中国港澳台地区，绍兴黄酒也备受消费者推崇，像古越龙山酒在中国香港市场的占有率高达 90%。绍兴黄酒与多个国家和地区建有战略合作关系。古越龙山与法国 3 000 家卡慕连锁店合作，专销高档黄酒，与法国波尔多地区建立了战略合作关系。古越龙山还与日本清酒、啤酒企业建有战略合作关系，与美国有关科研机构建立了合作关系。绍兴黄酒正被越来越多的国家和地区看好。

2. 经济环境

构成经济环境的关键战略要素：GDP、利率水平、财政货币政策、通货膨胀、失业率水平、居民可支配收入水平、汇率、能源供给成本、市场机制、市场需求等。

（1）GDP 及财政货币政策

我国经济发展基本面是好的，潜力大、韧性强、回旋余地大，新动力正在强化，新业态不断出现，很多地区很多产业都在发生可喜变化，前景是光明的。

统计局数据显示，2016 年前三季度，国内生产总值同比增长 6.9%；我国新增就业 1 066 万人，提前一个季度实现全年目标；居民收入较快增长，人均可支配收入实际增长 7.7%，继续跑赢 GDP；物价涨势温和，前 11 个月居民消费价格总水平同比上涨 1.4%。"我对完成全年 7% 左右的预期目标充满信心。"国家统计局新闻发言人盛来运说，"我国经济发展符合大势，中国经济这艘巨轮在正确航向上砥砺前行。"

2015 年以来，财政部门深入推进税制改革，加强对实体经济特别是中小企业的支持，减轻了企业负担；积极盘活财政存量资金，强化预算执行管理，促进提高财政资金使用效率。同时，在公共服务领域积极推广 PPP 模式，为加快基础设施建设和改善民生提供资金支持，有效地防范化解财政金融风险。

国家经济的快速发展，国民收入的不断提高，人们对物质需求的增长和消费的升级，以及保健意识增强，为黄酒行业发展提供了稳定的发展环境。2010 年，中国黄酒行业会继续整体向上的发展趋势，在综合竞争力方面也将得到进一步加强。伴随着黄酒产业的不断壮大，业外资本的持续注入，产业链经济发展模式将会成为黄酒行业发展的新趋势。黄酒品牌的发展策略不断成熟，从最初打破黄酒饮用传统，到如今市场上层出不穷的新品，不少企业开始加快科技理念的创新与文化的全面突破。在未来的发展中，黄酒行业的品牌竞争将加剧，使行业资源进一步向优势企业集中。

（2）市场需求

根据所查资料数据显示，2007—2013年中国黄酒行业市场规模呈连续上升趋势，从2014—2015年，中国黄酒行业市场规模逐渐呈现上下较小幅度的波动，预期仍将继续，见图7-5。

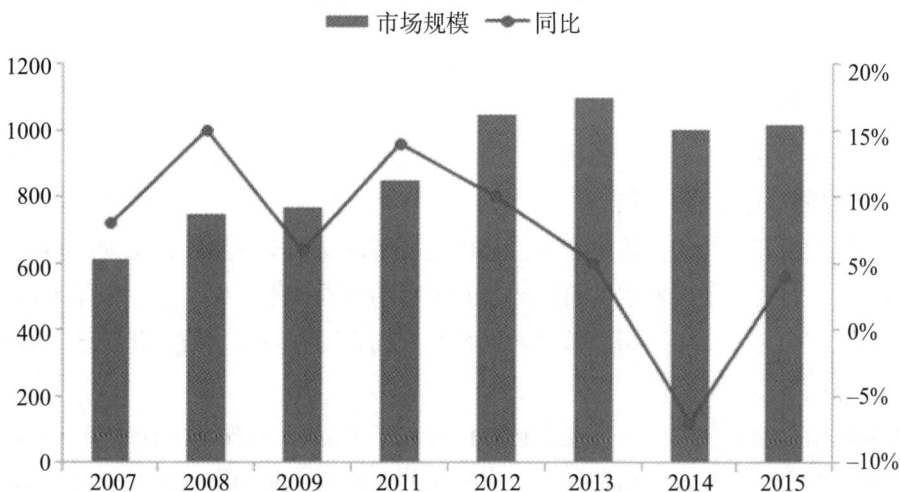

图7-5 2007年—2015年中国黄酒行业市场规模及增速

3. 社会环境

社会文化环境包括一个国家或地区的居民教育程度和文化水平、宗教信仰、风俗习惯、审美观点、价值观念等。

随着中国经济发展，社会的进步，人口增长、国民收入水平提高和城镇化深入推进，人们的消费观念也逐渐在转变，城乡居民对食品消费需求将继续保持较快增长的趋势。城乡居民对食品的消费将从生存型消费加速向健康型、享受型消费转变，从"吃饱、吃好"向"吃得安全，吃得健康"转变，食品消费进一步多样化。在"调结构、促消费"成为主题的背景下，给古越龙山带来了持续的战略机遇。

消费升级趋势不变。居民收入水平的提高将提升消费者的消费能力，同时随着卫生、健康、食品安全意识的不断加强，主动选择饮用有安全保障的产品。在消费升级的大背景下，黄酒企业针对不同消费群体，通过技术创新和产品创新，开发出不同口感、包装的产品，体现现代、时尚元素，使消费群体进一步扩大，消费群体由低收入人群向高收入人群转移，由老年群体向年轻群体扩散。近年来黄酒消费升级体现在消费场所、流通渠道、消费人群和消费结构的升级上，潜在的中高端消费群体逐年增大。随着消费升级的不断推进，未来黄酒行业规模将继续扩大，延续近年来的良好发展势头。2012 年黄酒行业将继续走向品牌集中化，品牌底蕴深厚、产品品质稳定、营销贴近市场的黄酒企业将继续引领行业的发展。顺应健康养生潮流。黄酒产业的发展顺应了人们健康养生的生活理念和生活需要，促进了人们饮食结构的改善和生活品质的提升。随着人们生活水平的提高和保健意识的增强，养生、健康饮酒理念日益深入人心，人们更加关注健康和养生。健康消费理念的普及带来酒类消费替代效应，人们将会越来越多地选择低酒精度、健康型酒类；在消费方式上，由单纯嗜好性饮用向交际性、功能性转变。黄酒低度、营养、保健等特有的品质，迎合了时代的潮流，成为消费者首选酒类之一，喝黄酒有益健康的理念深入人心，从而推动黄酒的发展。

4. 技术环境

技术环境不仅包括发明，而且还包括与企业市场有关的新技术、新工艺、新材料的出现和发展趋势以及应用背景。

绍兴黄酒恪守独特的传统生产工艺，以优质糯米、小麦和鉴湖佳水为原料，其独一无二的品质，得益于稽山鉴水的自然环境和独特的鉴湖佳水，更在于上千年来形成的精湛的酿酒工艺。传承千年的绍兴黄酒酿制技艺被列入国家级非物质文化遗产，具有无法复制的核心竞争力。

古越龙山是绍兴黄酒国家标准和行业标准起草单位之一，建立了食品安全质量管理、环境管理等多个体系并通过认证，构建了从黄酒原料到产品的全程质量安全控制技术和标准体系，有效控制并确保产品优质安全，公司产品品质一直受到市场和消费者的认可和青睐。另外，古越龙山公司有行业内唯一的国家黄酒工程技术研究中心，技术力量雄厚，与江南大学、中国食品发酵工业研究院等 20 余家国内外高校、科研院所建立了紧密合作关系，凝聚了国内黄酒酿造工程技术装备、工艺技术创新尖端人才队伍，开展黄酒工程技术研究开发，近年来已有一批黄酒重点课题研究成果被广泛应用于黄酒生产并在全行业推广，推动黄酒产业升级发展。公司坚持"让传统的更经典，让现代的更时尚"的产品路线，充足的原酒储备、多年积累的生产经验、领先的科研团队，在新产品开发上具有优势，具备研发和生产适销对路而又彰显个性特点产品的实力，能充分满足当今市场和客户个性化、多样化的产品需求，可以随市场变化和消费者需求做出快速反应，及时进行产品组合调整，实现企业既定目标。

7.2.2 五力模型分析

在战略分析中，迈克尔·波特的五力模型是最具代表性并被广泛使用的分析框架。如图 7-6 所示。

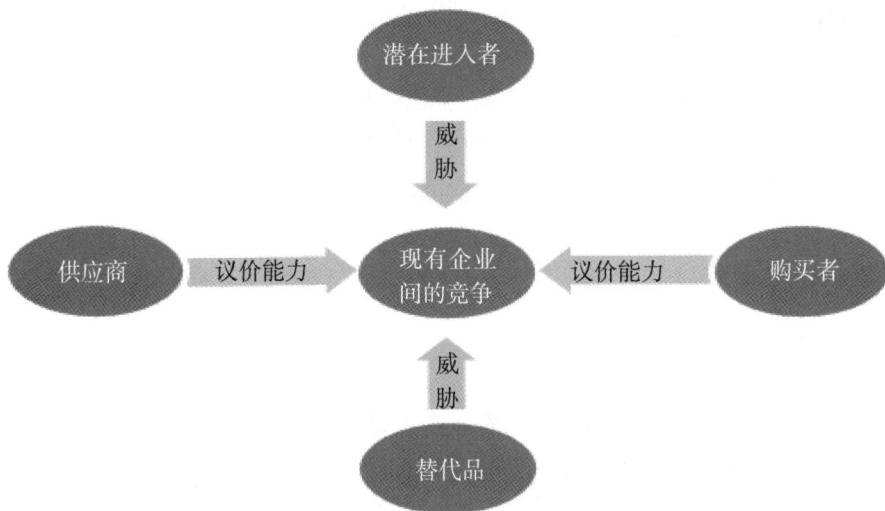

图 7-6 五力分析模型

7.2.2.1 潜在进入者的威胁

由于国家产业政策的相关规定，投资新建酿酒项目会经过更加严格的审核，所以新进入者投资新建酿酒厂需要经历一系列的查验和批复，有一定的难度。此外，由于酿酒行业的特殊性，对技术的要求很高，并且多数酿酒企业具有区域性特点，所以进入这一领域或是到新的区域开发市场存在相当大的难度。因此，目前进入酿酒领域较多的做法是通过参股或控股现有酿酒企业，参与酿酒行业的兼并重组，从而实现涉足酿酒行业的目的。综合来看，新进入者竞争力适中。

7.2.2.2 现有企业间的竞争

酿酒行业的较典型的规模经济特征是规模较大的企业在现有市场的竞争中往往占据一定的优势，尽管行业景气继续向好，但行业竞争也更加激烈。全国黄酒行业呈现出"群雄并起"的竞争局面，尤其是会稽山等酒品牌的崛起，对古越龙山形成很大的冲击。目前我国酿酒行业的集中度较低，存在大量的中小型酿酒企业。一般来讲，对于大型企业，规模大、产品结构丰富、技术水平高、市场占有率高，这类企业在市场竞争中处于有利地位；对于中小型企业，面对着节能减排、淘汰落后生产能力的压力，还要在低迷的市场环境中求生存，所以在整体面上的竞争更为激烈。近年以来，兼并的现象较普遍，很多地区的本土企业纷纷被国内大型酿酒企业兼并，大型企业在技术、资金、品牌等方面的优势使得企业有足够的信心进行收购行为。

7.2.2.3 购买者的议价能力

古越龙山行业的下游行业主要是物流、百货商场、超市、宾馆饭店、酒吧等。随着服务行业的快速发展和居民消费的不断提高，目前我国对酒类的需求也快速增加，这同时也使得酒类价格持续上涨。酿酒市场旺盛的需求增强了酿酒企业在同下游买家谈判过程中的能力。由于酒企的出厂价格远低于市场销售价，酒企的讨价能力较强，尤其是对于高档酒产品。

7.2.2.4 供应商的议价能力

对于古越龙山来说，所需原料主要有高粱、稻米、大麦等粮食，酒曲、水、煤一级运输、电力等。其中粮食等含糖原料是酿酒企业最重要的原料，由于我国酿酒行业产量的快速增长，对粮食的需求也大量增加，从而也在一定程度上增加了粮食供应商的讨价能力。而作为传统的种植业大国，我国的粮食供应也比较充足，酿酒企业有一定的还价能力。

7.2.2.5 替代品的威胁

替代品是指那些与客户产品具有相同功能的或类似功能的产品。作为拥有几千年历史的消费品，酒类在人们的生活和工作中，具有难以替代的实际作用和文化意义。随着近年来我国对外交流进一步加强，在各类聚餐、宴会，以及人际交往活动中，酒产品的功能至关重要，尤其在商务和公务活动中。在我国的主要酒产品中，白酒一直是各类宴会场合的主要饮品，啤酒在朋友聚餐较为消费频率较高，葡萄酒等果酒产品越来越受欢迎，黄酒的饮用具有一定的区域性。

7.2.3 SWOT 分析

优势分析（S）。公司坚持不懈地进行黄酒文化的传播引导，积极培育消费者，加强对黄酒销售、营销渠道的精耕细作，全国化的市场网络布局为黄酒在苏浙沪以外区域的市场扩张打下了坚实的基础。

公司不断壮大的科研实力在黄酒技术攻关、标准制定、产品研发等方面掌握行业话语权，不断积累创新的技术优势可以开发出消费者多元化需求的黄酒产品，优化公司产品结构，为推动黄酒消费走向全国及季节性突破提供有力的技术支撑。

公司有丰富、优质的库藏酒资源，为中高端品牌定位、产品结构调整、满足不同消费需求提供保障，确保年份酒的"足年库藏、品质保证"。公司建立无公害糯米原料基地，推行"公司＋基地＋标准化"管理模式，将质量控制从工厂延伸到田头。

劣势分析（W）。依托现有的科研力量和技术优势，公司在养生机理研究上没有新突破。未实施部分低档产品淘汰与升级并重战略。产品的技术与文化含量低、产品附加值少。

机遇分析（O）。当地政府高度重视黄酒产业的振兴和发展，要集聚资源要素，做大做强龙头企业，真正使黄酒成为绍兴的支柱产业和城市金名片。作为行业重点企业，当地政府对黄酒产业发展的重视为公司持续性发展营造了更加广阔的发展空间。

威胁分析（T）。尽管行业景气度继续向好，但行业竞争也更加激励，全国黄酒行业呈现出"群雄并起"的竞争局面。公司与其他黄酒企业在市场份额、经营能力、品牌竞争力方面优势不明显。消费升级的大环境下，随着海派黄酒和苏派黄酒的相继崛起，在本土市场上优势明显，黄酒企业在区域资源、价格区间的争夺上将白热化，黄酒市场竞争将更为激烈。黄酒整体技术水平不高，产业集中度较低，品牌缺乏有效管制，文化缺乏深度挖掘的现状将继续存在。

SO 战略。积极宣传，提高产品知名度，进行产品的创新，满足消费者需求，与多家公司进行合作。

WO 战略。提高产品技术含量，增加附加值，加快产业转型升级。对于现有技术，进行产品研究。

ST 战略。利用文化积极宣传，提高品牌知名度。积极培育消费者，扩展销售渠道，增加销售额。

WT 战略。全方位宣传古越龙山产品，提高产品竞争力。扩展市场，提高新产品销售额。

7.2.4 品牌建设——依托文化

浙江古越龙山绍兴酒股份有限公司，是中国最大规模的黄酒企业，经营拥有国家黄酒工程技术研究中心和 26 万千升陈酒储量，聚集 2 名中国酿酒大师、13 名国家级评酒大师和众多酿酒高手，黄酒年产量 16 余万吨。旗下拥有"古越龙山""沈永和""女儿红""状元红""鉴湖"等众多黄酒知名品牌。目前"品牌群"中拥有 2 个"中国名牌"、2 个"中国驰名商标"、4 个"中华老字号"。其中"古越龙山"是中国黄酒第一品牌，中国黄酒行业标志性品牌，国宴专用黄酒，是"亚洲品牌 500 强"中唯一入选黄酒品牌；始创于 1664 年的沈永和酒厂是绍兴黄酒行业中历史最悠久的著名酒厂；"女儿红"和"状元红"是文化酒的代表；"鉴湖"是绍兴酒中第一个注册商标。整体品牌实力跃居中国酒业第一高地。

公司产品畅销全国各大城市，远销日本、东南亚、欧美等 40 多个国家和地区，享有"东方名酒之冠"的美誉。

经过十余年的努力，公司已经建立了遍及全国省会城市和直辖市的国内最大的黄酒销售网络。2005 年法国干邑世家卡慕（CA-MUS）携手古越龙山，古越龙山绍兴酒作为三种顶级佳酿之一，将在全球免税店里开设的"酒中之王，王者之酒"的中华国酒专区销售。2004 年起，公司与中央电视台签订了战略合作伙伴协议，并聘请著名影视明星陈宝国作为公司产品的形象代言人。浙江古越龙山绍兴酒股份有限公司一直致力于弘扬和推广绍兴酒文化，公司将通过持续的管理与技术革新为广大消费者开发并生产健康、时尚的绍兴酒系列饮品。

7.2.4.1 古越龙山——越王勾践

古越龙山商标，取材于 2500 多年前的吴越春秋的故事，商标图案也是越王勾践兴师伐吴时的点将台城门和卧薪尝胆的龙山背景。古越是绍兴的发祥地，也是绍兴酒的发祥地，龙山是古越政治文化集中国黄酒行业标志性品牌、中国驰名商标、中国名牌产品、中华老字号诸荣誉于一身。古越龙山绍兴酒一方面体现黄酒的历史源远流长，另一方面体现其品质日臻完美。

7.2.4.2 女儿红——生女必酿酒

"汲取门前鉴湖水，酿得绍酒万里香"，始创于晋代女儿红品牌的故事千年流传。早在公元 304 年，晋代上虞人嵇含所著的《南方草木状》中就有女酒、女儿红酒为旧时富家生女、嫁女必备之物的记载。

当女儿下地的第一声啼哭，肯定会让每一个父亲心头一热，三亩田的糯谷就酿成三坛子女儿红，仔细装坛封口深埋在后院桂花树下，就像深深掩藏起来的父爱，没事的时候就到桂花树下踏几脚，踏几脚仿佛心里也踏实一些。回头望一望女儿，女儿头扎红头绳，眉眼儿像清明时节的柳叶，一天比一天明媚。自古浙江绍兴一带，这个习俗就这样长久沿袭着。待到女儿十八岁出嫁之时，用酒作为陪嫁的贺礼，恭送到夫家。按照绍兴老规矩，从坛中舀出的头三碗酒，要分别呈献给女儿婆家的公公、亲生父亲以及自己的丈夫，寓意祈盼人寿安康、家运昌盛。在绍兴一带这一生女必酿女儿酒的习俗长久流传。南宋著名爱国诗人陆游住东关古镇时，品饮女儿红酒后写下了著名诗句"移家只欲东关住，夜夜湖中看月生"。

7.2.4.3 鉴湖——汲鉴湖水酿

绍兴酒之所以晶莹澄澈、馥郁芬芳，成为酒中珍品，除了用料讲究和工艺精湛外，重要的还因为它是用得天独厚的鉴湖水酿制的。"汲取门前鉴湖水，酿得绍酒万里香。"位于鉴湖源头的鉴湖酿酒厂始建于 1951 年 9 月，有着 50 多年专业生产、经营绍兴酒的经验，生产的鉴湖牌绍兴酒是浙江省著名商标、国家免检产品，畅销全国各大城市，远销日本等国家，深受消费者青睐。

7.2.4.4 沈永和——永远和气生财

沈永和酒厂创业于清代康熙三年（1664年），是绍兴黄酒行业中历史最悠久的著名酒厂，很早就拥有"行销中外，驰名遐迩"的金字招牌，"永远和气生财"是沈永和的经营宗旨。沈永和历经六代人的努力于1910年代表绍兴黄酒在"南洋劝业会"上，为绍兴酒争得第一枚国际金牌。

7.2.4.5 状元红——盼状元之材

黄酒有数千年的历史，与江南吴越文化早已融为一体。春秋战国时期越王勾践欲与吴国争霸，以黄酒奖励生育，"生丈夫，二壶酒，一犬；生女子，二壶酒，一豚"。状元红酒即源于绍兴一带的民间风俗。当生子之年，酿酒数坛，请师傅在坛上刻字彩绘，然后泥封窖藏，以兆吉祥，期盼儿子将来成为"状元之材"，故此酒谓之"状元红"。

7.2.5 古越龙山品牌定位

黄酒行业的迅猛发展，已经成为酒类饮料中一个重要品类。近几年黄酒呈现上升势头，黄酒品牌如雨后春笋般出现，并迅速发展。除强势的浙派、海派黄酒之外，江苏的沙洲优黄；安徽的海神、古南丰等区域黄酒企业均在市场上比较活跃。从产能和销量上来看，以古越龙山、会稽山以及塔牌为代表的浙派黄酒，以和酒为代表的海派黄酒已经占有一定的优势，但是从全国市场布局以及品牌影响力来看，目前，黄酒企业还缺乏真正意义上的全国性一线品牌、二线品牌以及区域性强势领导品牌等。

7.2.5.1 产品定位

产品定位是任何生产型企业赖以生存的根本，对于黄酒企业而言，产品的定位、价格、质量、款式、风格等，直接决定企业的发展方向。企业需重视至少两个层面的问题：一是充分考虑消费者消费价格接受范围；二是严格保证产品质量，维系新老消费者对企业产品的信赖。传统企业可以采取差异化战略，将网络销售渠道与传统销售渠道分开，专门开发针对网络销售渠道的产品，产品定位是传统企业吸引网购新用户的根本，见图7-7所示。

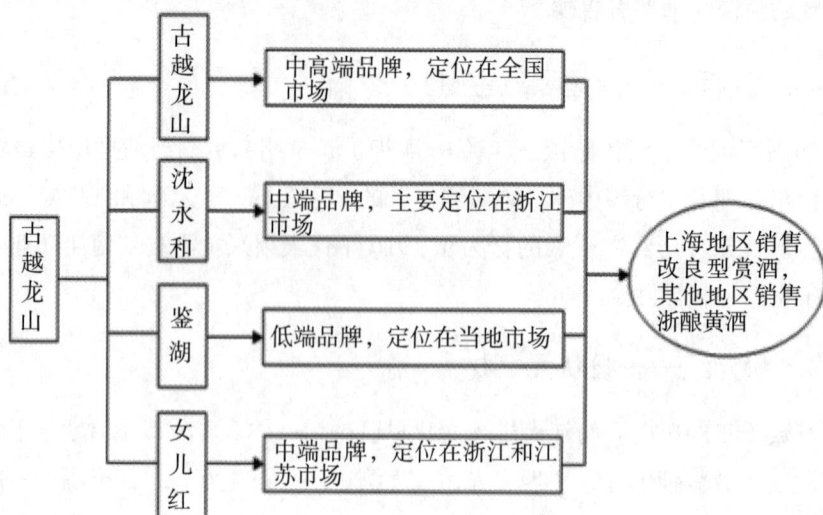

图 7-7 古越龙山产品定位分析图

1. 古越龙山系列

中国名牌、中国驰名商标、中华老字号。专注顶级、至尊品质，定位高端、超高端、奢侈国粹黄酒，占主营收入 10% 左右；开发精华浓缩、极品、珍品、原酒及奢侈收藏，主要由精品、极品艺术陶瓷来装，没有焦糖等任何添加剂，保证纯绿色、健康、尊贵，手工酝酿原酒。传递的是一种高贵、成功、有品位、有思想的领袖文化。产品价格至少要在 1 000 元以上，甚至开发 10 万元以上的奢侈极品、珍品黄酒。

2. 女儿红系列

创始于 1919 年，是中国驰名商标、中华老字号，专注美容养生时尚；开发美容养颜、健康养生、抗癌保健罐装原酒系列及收藏，占主营收入 50% 以上，定位中高端。主要有艺术陶瓷、罐装、瓶装。没有焦糖等任何添加剂。传递的是一种亲情、感恩、祝福的品牌文化。产品价格在 200~1 000 元。

3. 沈永和系列

中国名牌、中华老字号。创业传奇故事，传递的是一种坚韧不怕困难、激情、冷静，有远大志向、远大理想并赴于行动的企业家精神，占主营收入 10% 左右。定位中高端。主要由陶瓷、罐装、瓶装。传递的是一种有抱负、乐观、积极的品牌文化。产品价格在 200~1 000 元。

4. 鉴湖系列

绍兴首只黄酒注册商标、浙江省著名商标、中华老字号。专注时尚、现代、低度清爽型黄酒，开发像王老吉罐装的时尚黄酒饮料，适合夜场、旅游等青少年时尚消费。定位中低端。目前已经开发出"三年陈"清爽型产品，"五年陈"和"八年陈"清爽型产品也即将面世。有罐装、塑料瓶装、纸盒装。传递的是一种追求时尚、赶潮流、有个性的品牌文化。产品价格在 30~200 元。

公司是以"古越龙山"为主打高端品牌，牢固树立高端黄酒品牌形象，"女儿红"为特色概念品牌，"沈永和"和"鉴湖"为大众区域品牌。古越龙山推进产品结构升级转型，逐渐削减低端产品，提升中高档产品比重，推广年份酒、低度淡爽酒，部分产品包装升级。结合 2010 年的发展规划和在广告上的动作，未来古越龙山将主推"古越龙山"和"女儿红"两大主力品牌，打造古越龙山的高端形象，女儿红的中端形象和特色概念，推进中高端两翼齐飞，定位清晰。

7.2.5.2 目标消费者定位

首先要了解消费者为什么会买黄酒。如果这个问题不解决的话，黄酒企业不会真正意义上改变目前的困境。

需要改变黄酒口感难喝这一问题，黄酒作为料酒，已经被广大消费者所接受；似乎中国很多的消费者都有"黄酒难喝"的固有认知，这就在很大程度上阻碍了消费者对黄酒品类的首次尝试，更谈不上首次购买了。饮料黄酒第一道障碍就是难喝，要让消费者接受一个新事物，尤其是快速消费品，首要的就是顺应消费者的口感，让消费者"喝药"是不会成功的。黄酒企业在坚守传统技术基础上，必须要顺应现代消费者的消费习惯，对其产品口感进行改良。

与此同时，改变黄酒包装难看局面也迫在眉睫，综观国内主要黄酒企业的产品包装，就可以清晰地看出来，其包装基本上千篇一律。由于受低端市场成本的限制，目前的黄酒包装，档次感很低，几乎没有特色以及差异化，需要顺应现代消费者的消费潮流，勇敢地在产品包装、口感、工艺、度数等方面进行大胆创新与突破，以带来消费的新潮流。

7.2.5.3 黄酒和凉茶的比较

1. 相似性

黄酒和凉菜同为中国民族特色化产品，在当地都拥有广泛的消费群。凉茶以草本植物提取物作为主要原料，秉承了中国传统中医药文化；黄酒是产自中国，与葡萄酒、啤酒并称世界三大古酒，具有 4 000 年历史。

凉茶初始出现是在新中国成立前，体力劳动者占了很大部分。在广东，自家煲制、冲剂冲饮或者到凉茶铺小坐是十分普遍的事情。虽然现在相关企业已经将黄酒推向了高端，但一直以来，黄酒既为高雅人士常饮，也是苏浙沪地区普通百姓的常饮酒。

同为强区域性产品，需要突破区域局限。通过喝凉茶来降火是两广地区的传统消费习惯，因此凉茶在两广地区有着较强的区域影响力；黄酒是浙沪地区最为传统的饮用酒，同样也具备极强的区域影响力。广东凉茶曾经在很长时间内拘于一隅，后因王老吉寻求突破而一举成为全国性产品；黄酒虽然曾有过在全国广为流行的时期，但拘于一隅的时间要长得多，突破区域局限是黄酒必然的战略选择。

目标消费群相类似，均具有男性化定向性。受消费者观念及产品基本特点的影响，很多产品特别是食品都有"性别或年龄定向性"的特点。虽然传统的凉茶基本上没有消费群的限制，但饮料化以后却具有了男性定位性，即其主要消费群为男性，作为含酒精饮料的黄酒更是如此。

两者存在需要突破的关键点。黄酒在苏浙沪一直被认为是中老年喝的酒，而且被冠以"土酒"之名；而传统的凉茶因下火功效显著，消费者普遍当成"药"服用，无须也不能经常饮用。也就是说，黄酒需要突破消费群及"土"这两个关键点，而凉茶需要突破"药"的限制。

同样是产地品牌云集，区域内竞争充分。广东凉茶有王老吉、黄振龙、邓老等众多品牌，都曾经局限于本地市场为市场份额而厮杀，除王老吉从广东走向浙江、福建等周边地区处，很少有走向全国的意识；黄酒同样有古越龙山、塔牌、沈永和、会稽山、石库门、孔乙己、女儿红等众多区域内品牌，也一直在江浙沪区域市场竞争。

外地人同样存在着口感障碍问题。传统的广东凉茶有着较强烈的中药味，即使是王老吉饮料也淡淡能闻，这种中药味对第一次喝凉茶的外地人来说，普遍有一种不适应感；黄酒也相同，不论企业如何宣传黄酒口味醇厚、柔和、鲜爽、无异味，首次喝黄酒的人对那种焦煳而且有点苦的味道并不适应。

2. 差异性

产品本质上的差别。黄酒是酒，而凉茶是饮料。这是黄酒与凉茶本质上的不同，这种不同决定了消费者在饮用黄酒与凉茶时的基本需求、环境要求等方面存在着差别。

消费动因上的差别。喝传统凉茶的关键原因是"下火"，喝以王老吉为代表的现代凉茶的关键原因是"下火""解渴"和"时尚"，而苏浙沪的消费者喝黄酒源于饮酒习惯、营养与保健功能。

消费群上的差别。黄酒在江浙沪一直被认为是中老年喝的酒，也就是说，它一直以来被局限于中老年人这个消费群体上；而凉茶则不同，需要它是一种"药茶"，但并没有消费者年龄、性别方面的限制。

行业状况上的差别。现在，凉茶已经通过王老吉走向全国，迎来高速发展期，进而向传统的茶饮料、碳酸饮料发起挑战；而黄酒虽然有 2004 年古越龙山的央视大手笔，但还没有真正走向全国。

7.2.5.4 品牌识别定位

古越龙山企业的黄酒欠缺的不是市场，奇缺的却是品牌，在黄酒业的竞争强度较弱，品牌定位空间十分巨大，这意味着极小的投入产出比；古越龙山黄酒的品牌定位需要遵循的原则是：充分发挥古越龙山黄酒固有的优势，核心价值文化当先，打破黄酒的市场消费地理性差异，极限扩大消费者层次。

根据以上定位原则，古越龙山黄酒的品牌定位战略，就是在传统的历史文化与时尚流行之间取得平衡——在继承中创新，在创新中延续，并据此挖掘出具有持久竞争力的定位。

7.2.6 古越龙山品牌战略

7.2.6.1 品牌延伸战略

品牌延伸属于企业的战略问题之一，它属于品牌战略的范畴。品牌延伸的实质就是企业经营战略的多样化和多元化。品牌延伸战略相对于其他的品牌决策来说有它自身的特点，它关系到新产品上市后其形象又会对母品牌起到强化或削弱的作用，从而反过来影响企业原有产品的市场地位。可见品牌延伸的影响是巨大的、长期的、牵涉面广，关系到企业长期的市场地位和整体盈利。

1. 品牌延伸的优势与劣势

（1）品牌延伸的优势

① 提高古越龙山的新产品成功的机会

企业为了自身的发展，需要不断地开发新产品，采用品牌延伸可以将开发的新产品冠以原品牌，分享"品牌伞"的效应。"品牌伞"效应是由知名品牌带来的一种超越商品实体以外的价值部分，它可以培养消费者对品牌的忠诚。原品牌使企业不必从零开始建立品牌的知名度，缩减消费者认证产品的时间，提高消费者对产品的认知度。古越龙山曾在暑假推出黄酒奶茶，通过消费者对古越龙山品牌的认知度，黄酒品牌很快受到年轻群体的热捧。

② 减少新产品的推广费用和提升促销效果

如果使用家族品牌做品牌延伸以推出新产品，可以在多种产品之间分摊品牌的广告费用，大量节省新产品的广告费。黄酒奶茶、黄酒棒冰等副产品的推出，就是依靠现有的古越龙山响亮的品牌效应，减少了因宣传推广而增加的费用，减少成本，增加企业利润。

③ 节省包装和标签费用

如果延伸产品使用与主导产品相同或相似的包装与标签，就不必对包装、标签进行重新设计和印刷，使单位产品的成本下降。例如古越龙山不断通过品牌延伸，统一使用拥有浓重历史性色彩的包装，使顾客在众多黄酒品牌中认出这是古越龙山，这种独特的包装将会成为识别的标志之一。

（2）品牌延伸的劣势

① 品牌定位淡化

由于自身管理不当或市场环境发生变化会导致品牌市场形象的模糊或品牌市场影响力的减弱。品牌的独特个性一旦被硬破坏，就会损害品牌资产，影响企业品牌战略目标的实现和企业经济效益，对企业的发展不利。

其实古越龙山核心产品不够突出。古越龙山的定位是中高端，女儿红或者状元红面向婚庆细分市场，沈永和和鉴湖是中低端定位，表面上看这个定位似乎很清晰，但是仔细看其产品特性，还不是特别清晰，至少和金枫酒业比不够清晰。

② 心理冲突

美国 Scott 公司生产的舒洁牌卫生纸，本是卫生纸市场上的头号品牌，但随着舒洁餐巾纸的出现，消费者的心理发生了微妙的变化。对此，美国广告学专家艾·里斯幽默地评价说："舒洁餐巾纸与舒洁卫生纸，究竟哪个品牌才是为鼻子策划的？"结果舒洁卫生纸的头牌位置很快被宝洁公司的 Charmin 牌卫生纸所取代。

在这方面古越龙山做得较好，采用不同品牌与饮用酒产品进行区分。因公司发展需要，决定拓展高档料酒市场，使之成为黄酒主业新的增长点，近年来，随着生活水平的提高、消费的升级，市场对高档料酒需求趋旺。

目前，国内料酒市场容量在 100 亿元左右，但至今还没有一个全国性的料酒品牌，市场潜力巨大。拓展高档料酒市场是经过深思熟虑、充分准备和市场调研之后的一个举措，据古越龙山公司相关负责人表示，经过前期大量的市场调研，料酒市场尤其是高档料酒市场潜力巨大，盈利空间诱人。

古越龙山 2014 年起拓展高档料酒市场，将采用"古纤道"品牌，与古越龙山现有饮用酒产品将进行明显区隔。

2. 品牌延伸战略的实施

古越龙山公司组织产品生产，在产品生产过程中，注意使产品的质量符合既定的标准，产品的质量保持稳定，并且和母品牌下的其他产品的质量保持一致，使消费者不会对延伸产品的质量失望。生产人员注意营销人员所反馈的顾客意见，对产品进行改进，以更好地满足顾客需要。

对于高品质形象的品牌，在实施品牌延伸时可以采取适度的向下延伸，通过减少新产品的某些内涵和功能，制定相对较低的合适的价格来吸引消费者的眼球，但是其定价不应过低，否则极易引起消费者对品牌形象的怀疑。造成高品质品牌形象的贬值。例如小 Q 酒，是针对年轻人推出的，以较少的内涵和较低价格，吸引了消费者。

延伸品牌使用主导产品的分销渠道，以便使衍生产品顺利上市，又可以充分利用企业的资源。由于与分销商的长期合作，相互之间比较了解，使用原来的分销渠道可以节约交易成本。在品牌延伸时，古越龙山减少渠道级数、精选现有分销商，以加快延伸产品的上市或提高上市的成功率。

7.2.6.2 传媒品牌发展战略

1. 品牌传媒发展战略

网络的建设，需要大投入，人力、财力、物力，包括和经销商之间的关系。在互联网高速发展的时期，古越龙山在天猫、京东、酒仙网等建立品牌旗舰店，重视电商渠道，拓展再拓展。

2. 率先大胆的广告投入

在 2005 年，古越龙山在中央电视台投放 6 000 万元的广告使得整个行业都为之兴奋起来了，而这一大胆行为，使这一年整个黄酒行业开始出现两位数的增长，一直保持到现在。在央视广告的基础上，加强在终端卖场的电视广告、海报等传播，通过终端促销等活动，实现广告的落地。

3. 互联网传播

企业的快速发展离不开信息化的支撑。

2014 年 5 月 15 日，古越龙山还与酒仙网达成战略合作，借势"酒快到"，开启黄酒行业（Online to Offline）征程。

2014 年 9 月，黄酒集团与用友签订战略合作协议，共同打造互联时代中国黄酒行业信息化建设标杆。

到目前为止，古越龙山在全国的省会城市，都有自己的网络点，而且从 2006 年下半年开始，逐渐在有条件的地级城市、县级城市细化。

4. 品牌附于传媒的营销渠道

（1）更改营销口号

改变"数风流人物，品古越龙山"的品牌口号，新的主品牌口号为"天下黄酒，古越龙山"，辅口号为"新黄酒世家"。"数风流人物，品古越龙山"给古越龙山的品牌影响力加分许多，但古越龙山的黄酒气质并没有从中得到彰显，而"天下黄酒，古越龙山"的口号是为了加强古越龙山的黄酒特性及黄酒第一品牌形象，在其他黄酒品牌尚无大举动做广告前拉开品牌差距。

（2）高校营销

大学营销计划："考上大学的那天，我喝了 3 瓶状元红，离开大学的那晚，我又喝了 3 瓶状元红。他是我的欢乐，也是我的忧伤。纪念我的青春，纪念我的江湖——状元红！"同时，在苏浙沪三地的高校率先启动，举办"我的江湖梦"高校征文、视频赛事等，在大学校园周边的酒馆、餐饮店进行产品促销，进行高校网络论坛营销。

古越龙山企业还将电视广告投放到当地电视台、分众楼宇广告、电台和电视台歌曲榜、网络视频 /BBS 网站及大学论坛等。

7.2.6.3 多品牌战略

1. 多品牌战略应具备的条件

（1）创新能力

古越龙山公司在技术、知识、产品等方面较强，为多品牌经营提供强大的支持，持续的创新也可以为顾客带来更多的感知价值。

企业成立厨用酒事业部，针对市场生产高端料酒；成立花雕事业部、工艺浮雕酒分公司，进一步做好经典绍兴酒；开展百县增亿活动，一个县增加百万销售，一百个县就增加一个亿；此外，每年还投入巨额资金，不断地进行技术创新。目前，正在实施的大罐储酒、热灌装等，可使生产成本下降 50%。而古越龙山 2016 年财务成本下降 50%，管理成本下降近 10%，这也是管理创新带来的效益。

在 2012 年绍兴市优秀 QC 小组活动成果发表会上，一贯重视技术创新的浙江古越龙山绍兴酒股份有限公司收获颇丰：选送的 7 项 QC 成果中，4 项荣获一等奖，3 项荣获二等奖。这 4 项获得一等奖的 QC 成果还将被推荐参加浙江省优秀 QC 成果评比。

据了解，此次古越龙山绍兴酒股份有限公司参评的 QC 成果包括质量技术中心的"调节米浆水酸度缩短浸米时间"、沈永和酒厂的"降低传统工艺后性加饭酒酸度"、古越龙山酒厂的"提高青瓷状元红合格率"等 7 项 QC 成果，其中，QC 成果"调节米浆水酸度缩短浸米时间"还选送中国轻工业联合会参加评比。在产品创新能力方面，过去的绍兴，人人都是潇洒居士。而现今，灯红酒绿，浮躁之气充斥着社会每一角落。葡萄酒、啤酒成为酒桌"标配"，开始"走俏"，而拥有元红酒、加饭酒、善酿酒、香雪酒四大类型的绍兴黄酒却渐渐淡出了年轻人的视野。

"我们必须要打开新的市场，让黄酒文化在年轻的群体中继续传承。"在有着 20 多年黄酒从业经验的绍兴黄酒专家茹拥政看来，绍兴黄酒的发展必须融入现代的元素，"寻找新的载体，让黄酒文化更好地为年轻人所接受。"连续多日的红色高温天气、姗姗来迟的降雨，2016 年的夏天，似乎特别难熬。在酷暑下，一支棒冰成为许多人的"心头好"。而在绍兴，一只带着酒香的黄酒棒冰，却频频刷爆朋友圈及各大社交平台，一跃成为新"网红"。

此外，在宣传推广方面，绍兴黄酒也以"新"字创新意。2011 年，著名作词人方文山专门为绍兴黄酒填词歌曲《古越龙山》。2015 年，电视剧《女儿红》的开拍也以特殊的方式讲述绍兴黄酒的故事。

（2）资源整合

推出新品牌、品牌的推广和维系都需要资源的大量投入，因此，资源是否充足有效地整合对能否成功地实行多品牌战略具有重要的影响。

古越龙山发布公告称，公司已审议通过拟收购绍兴黄酒投资有限公司持有的女儿红 95% 股权的议案。加之此前已拥有的 5% 股权，古越龙山全资控股女儿红进入倒计时。古越龙山对此表示，收购符合该公司发展黄酒主业的战略，同时可以进一步整合黄酒产业。"女儿红品牌很值钱！"长期关注黄酒市场的银河证券分析师王明德表示，古越龙山完成对女儿红的收购后，短期内贡献难以凸显，但从长远来看对古越龙山黄酒发展具有较强的拉动作用。古越龙山对黄酒主业的战略其实早已展开，尤其是对多元化投资逐步进行清理，使古越龙山黄酒的侧重发展日益明显。

（3）资金雄厚

实施多品牌战略需要以雄厚的资金为基础。对不同的品牌进行不同的传播，要求花费大量的资金。古越龙山作为一个历史悠久的公司，公司股票已于 1997 年 5 月 16 日在上海证券交易所挂牌交易。根据 2009 年 3 月 16 日公司第四届董事会第二十七次会议决议并经 2008 年度股东大会决议通过，公司于 2009 年 4 月 29 日以 2008 年末总股本 37 248 万股为基数，向全体股东以资本公积按每 10 股转增 5 股的比例转增股本共计 18 624 万股，每股面值 1 元。资本在公司得到发展后则更为增多。

2. 多品牌战略的优势与劣势

（1）多品牌战略的优势

与其他黄酒生产企业相比，公司拥有古越龙山、女儿红、状元红、沈永和和鉴湖 5 个品牌，品牌数量最多，而且古越龙山和女儿红是中国驰名商标；公司品牌定位清晰：古越龙山定位中高端，而且公司计划用 2 ~ 3 年时间逐渐淡化低端产品里古越龙山的品牌形象，将古越龙山着力塑造为黄酒中高端品牌；女儿红和状元红主打婚庆用酒和喜文化，同样定位于中高端品牌；中低端品牌沈永和和鉴湖定位为大众消费品；公司"让传统的更时尚，让现代的更经典"的产品诉求紧跟时代，吸引年轻消费者，不局限于小众消费群体，为产品全国推广提供了有力支持；与竞争对手绝大部分产品销售集中在江浙沪区域相比，公司 2011 年苏浙沪以外区域销售达到 40%，全国化程度最高，在苏浙沪区域消费逐渐饱和的形式下，公司在苏浙沪以外的销售渠道和经验，将为产品放量增长发挥最大效能。

（2）多品牌战略的劣势

"凸显个性、锁定目标消费群"是一品多牌战略最核心的本质与出发点，但古越龙山的多品牌战略恰恰未体现出这一出发点。

① 各品牌的个性不鲜明、品牌之间的差异不显著

通过深度访谈调查表明，消费者无法说出古越龙山、沈永和、状元红之间有什么区别。在联想上也无法以"高档、历史感、时尚、现代、天然、喜气"等品牌气质差异化

元素加以区别。

客观上，沈永和、状元红、鉴湖已经具有较高的知名度（大规模进入市场的准行证），缺乏的正是俘获消费者心灵的品牌价值（大红章）。沈永和的最大优势在于悠久的历史传统文化内涵，状元红是喜气的象征，鉴湖水是大自然的恩赐，其分别对应的目标市场具体而又容量巨大，只要准确、深入、持续挖掘其商业价值，就一定能够占领黄酒市场的半壁江山。应在充研究各品牌的历史、市场表现、品牌联想的基础上，赋予每个品牌鲜明的个性。

② 各品牌所瞄准的目标消费群区隔不明显

一流的多品牌战略设计中，不同品牌都有各自不同的明确的目标消费群，且各兄弟品牌目标消费群的交集部分应最小化。

而古越龙山、沈永和、状元红、鉴湖之间的目标消费群在学历、职业、年龄、心理、审美、收入上存在何种差异？

③ 品牌在价格与档次上存在微小差异难以产生心理上的震撼，商业效果平平

尽管古越龙山也许主动地使古越龙山与沈永和之间存在一定的差异，比如古越龙山贵一点，沈永和便宜一点，但目前这种半拉子的差异，消费者无法明显识别，因此难以获得商业效果，等于没差异。

古越龙山与沈永和价格差要大到像"百威"与"三得利"一样，谁都知道在酒店、餐厅点"古越龙山"是"面子和荣耀"，而在小餐厅大家也觉得点酒好价优的沈永和挺实惠，是明智之选。

④ 战线太长，导致主帅品牌形象糊化

古越龙山品牌形象糊化的根源在于战线过长。主打品牌古越龙山为了应对八面竞争，仅在价位上就表现了强烈的落差。在中低档这两个层次中处于四面楚歌，单瓶主要竞争者为和酒、金枫、塔牌、王宝和等，礼盒装主要竞争者为塔牌、女儿红、金枫等；在高档层次上，古越龙山似乎高处不胜寒。此外，由于古越龙山竞争战略上的失误，产品包装也千奇百怪、十分随意。

就单品牌竞争策略而言，战线太长必然导致品牌形象糊化——远近高低各不同，消费者当然无所适从。可以想象，如果茅台在 3 元 / 斤的市场也想获取一份羹汤，结果可能什么都捞不到。

⑤ 品牌形象糊化导致膏腴市场的空白

虽然古越龙山的知名度极高，但因品牌形象糊化导致美誉度、忠诚度欠佳。在客观上造成高档酒类销售通路的阻塞，以致古越龙山在高档消费市场几乎是空白——即使有百元以上的瓶装标价，而这个市场正是一块丰满的膏腴。

综上，应立即对呻吟着的古越龙山进行内科与外科手术。高知名度，但美誉度与忠诚度欠佳，如果排除产品质量与铺货渠道原因，可能就是缺少品牌的独特具象。停止生

产档次不高的古越龙山黄酒，重新赋予古越龙山新的品牌含义，整合产品包装形象，进入黄酒竞争相对乏力的中高档消费市场，打造黄酒中真正的国酒品牌。

3. 多品牌战略的实施

各品牌之间进行严格的市场细分。市场细分是实施多品牌战略的前提条件，用不同的产品去占领不同的细分市场。每个新品牌有自己的发展空间，不重叠的市场。针对不同定位，多品牌间的目标消费群体、价格、品牌文化、产品包装也有所不同，见表7-1、图7-8、图7-9。古越龙山酒定位于全国市场，沈永和则定位于浙江市场，鉴湖定位于绍兴市场，而女儿红定位于浙江和江苏市场。

在产品定位和营销手段上充分体现各个品牌之间的差异。生产出个性鲜明的产品，更重要的是将这种差异推销给消费者，并取得消费者的认同，进而成为忠诚的购买者。古越龙山用"数风流人物，品古越龙山"的广告语，第一不押韵；第二言之无物，没有清晰地表达自己的广告诉求；第三定位模糊，前后两句根本不搭界。而潘婷杏黄色的包装，首先给人以营养丰富的视觉效果，"使头发健康、亮泽"的广告语，则从各个角度突出了它的营养型个性。

对各个品牌的价格、渠道进行规划，实行单独的管理与维护。高端品牌定高价，在专卖店销售；低端品牌定低价，为每一个品牌配备品牌经理，负责一个品牌的营销管理。在多品牌的管理方面，各品牌之间的边界管理是重点。顺应市场的需要及时调整品牌数量与定位。

表 7-1　古越龙山品牌分析

品牌	品牌文化	价格	主要目标消费群
古越龙山	古越文化支撑的"辉煌、豪情、成功、杰出"	不生产低于 15 元 / 斤的黄酒，同样的陈年酒比别的品牌贵 30% 以上	中高档酒店、高收入、中高消费阶层、极讲生活品质、需装点门面的阶层与场所
沈永和	悠久历史、百年金字招牌、亲和、大众化	中档	中低收入、普通餐厅、酒店、实惠型消费心理，对百年老字号有偏爱情结
状元红	喜气、幸福、吉利、步步高	中高档	喜庆场合、喜欢以外界事物平衡内心世界
鉴湖	纯净、天然、以"歌山画水、烟雨画桥的江南春光"背景	中档	消费力一般、热爱大自然、心理上易于被青山绿水陶醉，有陶渊明情结

图 7-8　古越龙山和状元红产品展示图

图 7-9　沈永和和鉴湖水产品展示图

7.2.7 古越龙山品牌价值体验

通过简明扼要的问卷调查针对一些黄酒消费者对古越龙山品牌的三个感知维度进行了调查，一共发放了 200 份问卷，收回有效问卷 155 份，有效回收率为 77.5%。

7.2.7.1 认知度

总共设计了四个问题来检验古越龙山品牌的认知度，在这里选取一个问题来说明消费者的态度，下面的数据来自题目"您或您圈内的合作伙伴对古越龙山的认知度有多少"。

数据显示没听过古越龙山的消费者仅有 2%，这说明古越龙山的认知度较高，见图

7-10 所示。

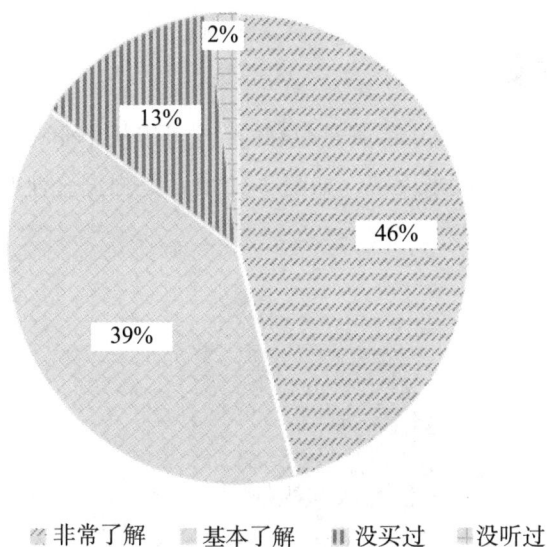

非常了解 　基本了解 　没买过 　没听过

图 7-10　消费者对古越龙山的认知度

7.2.7.2 忠诚度

通过询问消费者购买古越龙山黄酒的频率、是否愿意花时间了解占越龙山信息等问题来确定消费者对古越龙山品牌的忠诚度，图 7-11 所展示是其中一个问题的数据。

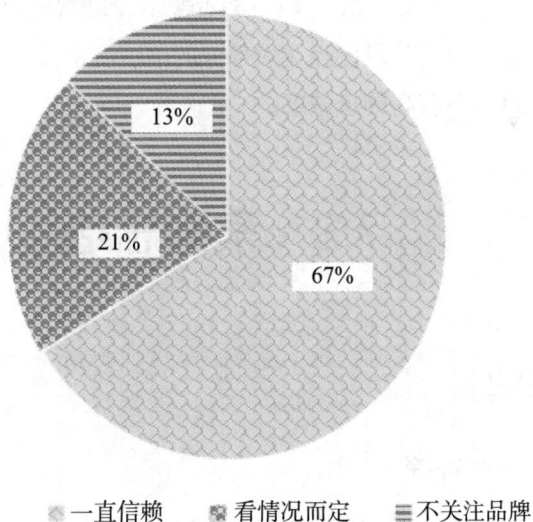

一直信赖 　看情况而定 　不关注品牌

图 7-11　消费者对古越龙山的忠诚度

一直信赖古越龙山占到 51%，而看情况选择的有 37% 之多，在消费者的意识里，浙江古越龙山就是绍兴黄酒的代表，大部分消费者都对古越龙山有着较高的品牌忠诚度，在选择黄酒的时候，尤其是在节日等一些有意义的场合中，一般作为首选的黄酒品牌都会是古越龙山。

7.2.7.3 美誉度

消费者是否认为古越龙山品牌是很好的，这可以从企业对古越龙山产品价格、包装、广告宣传这些方面的态度来反映，如图 7-12 所示是根据企业对古越龙山整体印象的调查得出的数据。

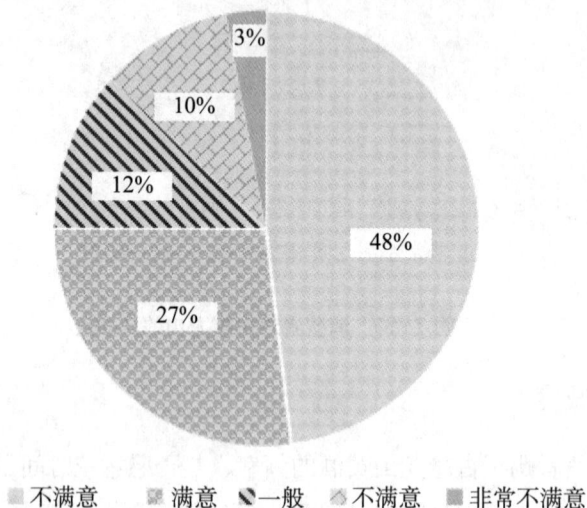

图 7-12　消费者对古越龙山的忠诚度

综上可知，古越龙山现阶段已经在大部分的消费者中形成了口碑效应，48% 的消费者对该产品非常满意，有较高的忠诚度。

7.3　案例总结

7.3.1 成功之道

7.3.1.1 品牌定位准确

古越龙山是黄酒行业龙头，收入规模和市场占有率居第一位，拥有古越龙山、女儿红、状元红、沈永和、鉴湖五大老字号品牌，规模和品牌优势明显。根据区域在经济、文化等不同特征而明确定位，古越龙山作为中高端产品，面向全国市场；沈永和及状元红作为中端产品，定位在浙江、江苏市场。

7.3.1.2 营销渠道优化

在移动互联时代，电商平台大数据实时反馈给商家。消费者的消费习惯、喜好，经过大数据分析，直接推动企业生产出更能满足消费者个性化需求的产品，从而降低库存压力以及上游产业链应收账期的问题。古越龙山利用"酒快到"移动订购酒水平台，让消费者也能用手机订购古越龙山酒水，这也为消费者提供了移动互联的新型消费服务。将移动社交植入 Online To Offline，形成线下资源与线上经营、消费互动，这个智能化数字营销平台，是古越龙山实施"互联网＋"的一个小动作。

7.3.1.3 黄酒品质保证

在原材料采购方面，古越龙山为确保所酿老酒健康、安全、优质，在江苏、安徽、湖北等全国粮食主产区建立 17 余万亩绿色无公害糯米原料基地，实现"公司＋基地＋标准化管理"的管理模式，从源头加强品质控制。

在酿造工艺上，古越龙山始终坚持纯正酿造，不使用任何替代原料和酶制剂，保持了黄酒的本真。古越龙山绍兴黄酒只采用冷冻和膜过滤技术来提高非生物稳定性，不使用澄清剂，这对大量使用各种澄清剂的啤酒和葡萄酒行业来说是不可想象的。在这个逐利的时代，古越龙山对黄酒绿色本真的坚守是难能可贵的，也是令人尊敬的。

7.3.1.4 产品的创新

黄酒棒冰迅速走红，微信朋友圈的相关消息被网友刷屏，现有的销售点排起了长队。事实上，这次和黄酒棒冰一起面市的，还有冰箱贴、模型等 10 余款主打黄酒文化的文创产品。不久前，还研发出一款黄酒面膜。黄酒产业的创新之路让企业在出口市场也尝到了甜头。据绍兴检验检疫局统计，2016 年一季度绍兴厨用酒出口 1 403 吨，货值 124.9 万美元，同比分别增长 46% 和 48%。

在产品包装上，古越龙山的包装体现了历史特色及名人特色，如古越龙山商标的古越王台，就是后人为纪念越王勾践卧薪尝胆、洗雪国耻而兴建的纪念性建筑。中国香港作为一个中西文化的共融区，不但对产品的内在品质要求甚高，而且审美观念也十分独特。古越龙山公司充分考虑到这一因素，从包装入手，请香港包装设计的大家设计出既具有鲜明中国传统文化元素，又能表现现代时尚理念的包装，深受很多香港市民的好评和喜爱。

7.3.1.5 未来发展展望

关于未来公司经营目标，将在 2016 年力争酒类销售和利润增长 5% ～ 10%，目前上半年业绩与经营计划进展符合年度预算目标。下半年将合理控制成本费用，全力做好营销销售，努力拓展渠道，力争完成年初制订的经营计划和目标。

古越龙山公司期待国企改革以此来提升公司效率。目前，浙江国企改革已紧锣密鼓地进行，绍兴3家上市国企中浙江震元已开始改革，公司有望受益于国企改革进一步推进。有望激活公司经营活力。公司国企改革若能顺利推进，预计有激励机制、混改、聚焦主业三方面改善。

旅游业就是实现白酒产业跨界整合的最好途径。一切行业都可以是旅游业，这既不是空穴来风，也不是噱头。无论你从事哪一行，其实都与旅游高度相关！旅游对产业拉动作用远远大于产业对旅游的促进作用。古越龙山将利用工业旅游的模式分成三块，东浦小镇、湖塘（产业集聚）、老城区（休闲项目），促进产业的发展，做大、做强、做长。

7.3.2 加强品牌危机管理

第一，企业要培养品牌危机意识。企业应该借助对全体员工进行周期性培训，进行危机教育。结合企业曾经出现的以及同行中有代表性的危机事件，深入浅出地对全体员工进行案例教学，灌输危机意识，以提高每个企业人的警觉性。第二，建立危机预警机制。设立危机公关小组，制定危机处理方案，建立高度灵敏、准确的信息监测系统，及时收集相关信息并加以分析、研究和处理，查漏补缺，全面清晰地预测各种品牌危机情况，及早发现和捕捉品牌危机征兆，为处理潜在品牌危机制订对策方案，尽可能确保品牌危机不发生。第三，正确对待危机。对于已经发生的危机，企业要主动积极与外部沟通，了解调查危机的产生原因，制定出危机处理办法。在危机处理过程中，要把握以下几个原则：主动应对、敏捷反应、态度真诚、尊重事实、步调一致。把对于危机产生的真实原因和解决方案及时传达消费者，寻求消费者的原谅和支持。

7.3.3 打造中国黄酒城，传播中国黄酒文化

中国黄酒文化源远流长。春秋时期，吴越交战，越国兵败，越王勾践夫妇去吴国为奴。三年后，勾践回国，在卧龙山下建城立国，即今天绍兴城的起源。而绍兴酒的起源远远早于绍兴城的建立，据文字记载已有 2 500 多年的悠久历史。千百年来，绍兴酒渗透入绍兴人生活的方方面面，并影响着绍兴人的生活和性格。而绍兴酒的生产工艺更是精妙绝伦。绍兴酒独一无二的品质，得益于稽山鉴水的自然环境、独特的鉴湖水质，以及上千年来形成的精湛酿酒工艺和长年陈化老熟。古越龙山投资 4.2 亿元的中国黄酒城正在紧张地建设之中，它肩负的使命是弘扬中国黄酒文化，把古越龙山等优秀品牌推介给广大消费者。低度、健康、有着悠久历史、代表中国儒家文化的黄酒，经过千百年的流传，至今仍然保持着旺盛的生命力，她古老又充满活力，传统又蕴含时尚元素。随着中国的强大，黄酒完全有自信走向世界。随着全球文化和贸易交往的增加，以古越龙山为代表的中国黄酒必将成为世界性的酒品。好酒，全球共享。古越龙山，品味无国界。

7.4　案例借鉴

在酒类行业过去突飞猛进的十年中，酒商把更多的精力和投入放在厂家关系和分销商上，远离消费者。而这恰恰是最难被厂家取代的地方。近几年，随着厂家组织能力的提升，伴随渠道扁平化、管理精细化，众多酒水流通企业也开始感觉到危机。当厂家与消费者可以通过移动互联平台实时互动，当厂家与用户之间的距离渐行渐近时，当越来越多的厂家选择自己成为"某某行业的小米"，或者与电商平台合作直面消费者时，流通企业的危机感与日俱增。

7.4.1 先有用户，后有产品

选择产品一定选择有雄厚基础的行业，比如万亿规模的白酒。产品期，前期寻找志同道合的朋友共同研发产品，中期邀请重度消费者对产品进行综合评价，后期通过众包确定品牌、包装及运作方式。销售期，前期通过众筹媒体人来完成品牌的塑造及传播，中期通过邀请核心用户来完成利益的再分配，后期通过产品的扩散来完成外围合作伙伴的招募。先有用户，后有产品，即"产品互联网+"；先有产品，后寻用户，仍然是传统的供销思维，即使结合网络手段进行销售，仍然是"产品+互联网"。

7.4.2 渠道即人，人即渠道

使用者即传播者，传播者未必是购买者。用户愿意传播的产品，要么是物超所值，利于向朋友推荐；要么是产品独特，便于向朋友分享；还有就是产品具有参与感，乐于向朋友炫耀。物超所值的核心在于产品的使用价值，产品独特的关键在于名字、包装及故事，产品参与感的精髓在于体验、私人定制等。若产品能满足其一，便具备了传播因子，若能满足三个条件，则传播的速度会事半功倍。营销到人为止。渠道即消费者，消费者即渠道，即渠道互联网+；渠道是渠道，消费者是消费者，纵使演变为口碑，也仍然是"渠道+互联网"。

7.4.3 酒企弱化，强化生产

价格回归价值，酒企回归生产。酒企紧紧围绕酒的酿造、贮存及灌装来做文章，而粮食的购买、产品的设计、包装的选择，市场的拓展均通过众包的形式来完成。对酒企而言，在省却成本的同时降低了风险，而且获得了更多专业团队的帮助；对社会而言，优化了资源配比，在短时间内有效地完成项目，避免了资源的浪费。

参考文献

[1] 约瑟夫·阿洛伊斯·熊彼特. 经济发展理论 [M]. 北京：九州出版社，2006.

[2] 迈克尔·波特. 国家竞争优势 [M]. 李明轩，邱如美，译. 北京：华夏出版社，2002：533-547.

[3] 刘志彪. 从后发到先发：关于实施创新驱动战略的理论思考 [J]. 产业经济研究，2011（04）：1-7.

[4] 洪银兴. 关于创新驱动和协同创新的若干重要概念 [J]. 经济理论与经济管理，2013（05）：5-12.

[5] 张银银，邓玲. 创新驱动传统产业向战略性新兴产业转型升级：机理与路径 [J]. 经济体制改革，2013（05）：97-101.

[6] 陈勇星，屠文娟，季萍，胡桂兰. 江苏省实施创新驱动战略的路径选择 [J]. 科技管理研究，2013，33（04）：103-107.

[7] 国务院. 国家创新驱动发展战略纲要 [Z]. 新华网，2016.

[8] 张来武. 论创新驱动发展 [J]. 中国软科学，2013（01）：1-5.

[9] 刘刚. 中国经济发展新动力 [J]. 华东经济管理，2014（7）：1-6.

[10] 夏天. 创新驱动过程的阶段特征及其对创新型城市建设的启示 [J]. 科学与科学技术管理，2010，31（02）：124-129.

[11] 杨轶. 试论创新驱动型产业政策 [J]. 改革与战略，2008（02）：103-105.

[12] 蒋玉涛，招富刚. 创新驱动过程视角下的创新型区域评价指标体系研究 [J]. 科技管理研究，2009，29（07）：168-169+181.

[13] 李柏洲，朱晓霞. 区域创新系统（RIS）创新驱动力研究 [J]. 中国软科学，2007（08）：93-99.

[14] 朱晓霞. 基于 SD 模型的 RIS 创新驱动力研究 [J]. 科学学研究，2008，26（06）：1300-1309.

[15] 吴家曦，李华燊. 浙江省中小企业转型升级调查报告 [J]. 管理世界，2009，08：1-59.

[16] Poon，BeyondtheGlobalProductionNetworks[J]，2004（1）：130-145.

[17] 王吉发，冯晋，李汉铃. 企业转型的内涵研究 [J]. 统计与决策，2006（1）：

153-157.

[18] 毛蕴诗，吴瑶．企业升级路径与分析模式研究 [J]．中山大学学报：社会科学版，2009（1）：178-186．

[19] 王玉燕．中国企业转型升级战略评价指标体系研究 [J]．科技进步与对策，2014（8）：123-127．

[20] 毛蕴诗，张伟涛，魏姝羽．企业转型升级：中国管理研究的前沿领域——基于SSCI 和 CSSCI（2002—2013 年）的文献研究 [J]．学术研究，2015（01）：72-82+159-160．

[21] 张雪松．大数据促进传统企业转型升级机理研究 [J]．中国中小企业，2020（11）：157-158．

[22] 贾丽虹．我国中小企业的融资问题探析 [J]．经济体制改革，2003（01）：113-116．

[23] 迟宪良．中小企业融资困境与对策研究 [D]．吉林大学，2007．

[24] 余剑梅．以供应链金融缓解中小企业融资难问题 [J]．经济纵横，2011（03）：99-102．

[25] 邢乐成，梁永贤．中小企业融资难的困境与出路 [J]．济南大学学报(社会科学版)，2013，23（02）：1-7+91．

[26] 严欣杰．浙江省中小企业融资困境与对策研究 [D]．浙江大学，2017．

[27]Morck Randall， Shleifer Andrei， and Vishny Robert W. Do Manageri-al Objectives Drive Bad Acquisitions?[J]. Journal of Finance，1990，（45）．

[28] 牛丹丹，郑志娟，刘熠萌．基于柯布 - 道格拉斯生产函数对全国旅游产业要素的贡献分析 [J]．农技服务，2010，27（11）：1478-1480．

[29] 王育霞，张红丹．生产要素参与企业收益分配贡献度的测定 [J]．统计与决策，2013，22：168-170．

[30] 荆浩，赵希男．高成长型科技中小企业运营效率分析 [J]．东北大学学报：自然科学版，2008，29（5）：746-749．

[31] 姚树莲．我国小微企业困境成因和对策探讨 [J]．产业与科技论坛，2011，10(14)：20-21．

[32] 吴群．转型升级期中小企业面临的问题与应对策略 [J]．企业经济，2011，30(08)：23-25．

[33] 段姝．科技型中小企业技术创新能力评价指标体系建设 [J]．商场现代化，2008（1）：89．

[34] 杨梅英，熊飞．高新技术企业竞争力评价指标体系与评价方法研究及其应用 [J]．科技管理研究，2007（03）：52-56．

[35] 顾文俊 . 当前民营经济转型升级存在的问题及对策探析——以宁波民营经济发展为例 [J]. 中国工商管理研究，2013（01）：52-55.

[36] 陈永杰，景春梅，陈妍 . 小微企业政策既要不断完善 更要强化落实——事关小微企业发展的八点政策建议 [J]. 中国经贸导刊，2013（28）：57-60.

[37] 兰飞，王华，沈亚飞 . 提升科技型小微企业创新能力的财税政策分析 [J]. 中南财经政法大学学报，2014（02）：86-90.

[38] 孔伟杰 . 制造业企业转型升级影响因素研究——基于浙江省制造业企业大样本问卷调查的实证研究 [J]. 管理世界，2012（09）：120-131.

[39] 吴家曦，李华燊 . 浙江省中小企业转型升级调查报告 [J]. 管理世界月报，2009（08）：1-5+9.

[40] 徐明华，李红伟 . 浙江民营企业转型升级的路径选择——基于企业成长理论的分析 [J]. 浙江树人大学学报（人文社会科学版），2010，10（02）：45-49+60.

[41] 延昕珂 . 我国企业科技创新的问题及对策研究 [D]. 武汉理工大学，2012（7）.

[42] 李艳华 . 中小企业内、外部知识获取与技术能力提升实证研究 [J]. 管理科学，2013，26（05）：19-29.

[43] 王春晖，李平 . 政府扶持企业技术创新的政策效应分析 [J]. 山东理工大学，2012，29（02）：106-109.

[44] 张杰，刘志彪，郑江淮 . 中国制造业企业创新活动的关键影响因素研究——基于江苏省制造业企业问卷的分析 [J]. 管理世界，2007（06）：64-74.

[45] 安同良，施浩，Ludovico Alcorta. 中国制造业企业 R&D 行为模式的观测与实证——基于江苏省制造业企业问卷调查的实证分析 [J]. 经济研究，2006（02）：21-30+56.

[46] 张华 . 小微企业的发展现状及融资建议 [J]. 财会研究，2013（09）：78-80.

[47] 张晓华，李治 . 关于缓解小微企业融资难问题的方法探讨 [J]. 商，2012（07）：34.

[48] 赵曙明，李乾文，张戌凡 . 创新型核心科技人才培养与政策环境研究——基于江苏省 625 份问卷的实证分析 [J]. 南京大学学报（哲学 . 人文科学 . 社会科学版），2012，49（03）：49-57+158-159.

[49]Rochet J.R.， Tirole J. Platform Competition in Two-sided Markets [J]. Journal of European Economic Association，2003.4（1）：990-1029.

[50]Armstrong M. Competition in Two-Sided Markets[J]. The Rand Journal of Economics，2006，37（3）：668-691.

[51] 徐晋 . 平台经济学：平台竞争的理论与实践 [M]. 上海：上海交通大学出版社，2007.

[52] 史健勇 . 优化产业结构的新经济形态——平台经济的微观运营机制研究 [J]. 上

海经济研究，2013（8）：85-89.

[53] 徐晋，张祥建.平台经济学初探 [J].中国工业经济，2006（5）：40-47.

[54] 陈赤平，李艳.基于双边市场理论的 CA 产业定价策略的研究 [J].求索，2008（11）：27-29.

[55] 李秦，李明志，罗金峰.互联网贸易与市场一体化——基于淘宝网数据的实证研究 [J].中国经济问题，2014（6）：40-53.

[56]Popa S.，Soto-Acosta P.，Perez-Gonzalez D. An investigation of the effect of electronic business on financial performance of Spanish manufacturing SMEs[J]. Technological Forecasting and Social Change，2018（11）：355-362.

[57] 叶秀敏.平台经济的特点分析 [J].河北师范大学学报（哲学社会科学版），2016（2）：114-120.

[58] 叶秀敏，姜奇平.北京市平台经济发展的现状、问题及政策建议 [J].城市发展研究，2016，23（5）：94-97.

[59]Johne A，Storey C. New service development：a review of the literature and annotated bibliography[J]. European Journal of Marketing，1998（3/4）：184-184.

[60]Kupper C. Service Innovation-A Review of the State of the Art[D]. Institute for Innovation Research and Technology Management，2001：27-28.

[61]Teece J. Business models，business strategy and innovation[J]. Long Range Planning，2010，43（2）：172-194.

[62]Hertog，Den P. Knowledge – intensive business services as co – producers of innovation[J]. International Journal of Innovation Management，2000，4（4）：491-528.

[63]Menor L J，Roth A V. New service development competence in retail banking：Construct development and measurement validation[J]. Journal of Operations Management，2007，25（4）：825-846.

[64]Norman R. Reframing Business：When the Map Changes the Landscape[M]. Wiley，Chicheste，2001.

[65] 于飞，蔡翔，董亮.研发模式对企业创新的影响——知识基础的调节作用 [J].管理科学，2017，30（3）：97-109.

[66]Agarwal R，Selen W. Dynamic Capability Building in Service Value Networks for Achieving Service Innovation[J].Decision Sciences，2010，40（3）：431-475.

[67] 李靖华，刘勇.利益相关者参与对知识密集型服务企业创新绩效的作用机制 [J].企业经济，2016（1）：30-35.

[68] 蔺雷，吴贵生.服务创新的四维度模型 [J].数量经济技术经济研究，2004（3）：28-33.

[69] 蔺雷，吴贵生. 服务创新：研究现状、概念界定及特征描述 [J]. 科研管理，2005（2）：3-8.

[70] 陈兵. 互联网平台经济运行的规制基调 [J]. 中国特色社会主义研究，2018（3）：53-62.

[71] 彭诗言. 平台经济视阈下制造业转型升级机制研究 [J]. 社会科学战线，2017（7）：265-268.

[72] 张晓芹. 基于大数据的电子商务物流服务创新 [J]. 中国流通经济，2018（8）：15-22.

[73] 陈春花. 企业文化的改造与创新 [J]. 北京大学学报(哲学社会科学版)，1999(3)：51-56.

[74] 王国顺，张仕璟，邵留国. 企业文化测量模型研究——基于 Dension 模型的改进及实证 [J]. 中国软科学，2006（3）：150-155.

[75] 张旭，韩笑. 企业文化评估模型开发及应用 [J]. 科学学与科学技术管理，2008，29（1）：149-153.

[76] 王菊. 企业文化测评研究 [J]. 学术探索，2014（2）：115-119.

[77] 吴浩强，刘树林. 关联并购视角的企业文化与技术创新效率 [J]. 中南财经政法大学学报，2018（3）：66-73.

[78]Heimer iks K H, Duysters G, Vanhaverbeke W.Learning mechanisms and differential performance in alliance portfo lios[J].Strategic Organization，2007，5（4）：373-408.

[79] 简兆权，李雷，柳仪. 服务供应链整合及其对服务创新影响研究述评与展望 [J]. 外国经济与管理，2013，35（1）：37-46.

[80]Voss C A.Measurement of Innovation and Design Performance in services[J].Design Management Review，2010，3（1）：40-46.

[81]Jung Tang Hsueh, Neng Pai Lin, Hou Chao Li.The effects of network embeddedness on service innovation performance[J].Service Industries Journal,2010,30(10)：1723-1736.

[82]Armistead C, Pettigrew P. Partnerships in the provision of services by multi-agencies：Four dimensions of service leadership and service quality[J].Services Business，2008，2（1）：17-32.

[83] 于飞，蔡翔，董亮. 研发模式对企业创新的影响——知识基础的调节作用 [J]. 管理科学，2017，30（3）：97-109.

[84] 张夏恒. 网络购物环境下物流满意评价模型及实证研究 [J]. 数学的实践与认识，2014，44（24）：114-124.

[85]DEVellis R.F. Scale Development Theory and Applications[M].London：SAGE，1991.

[86] 蒋丽芹，史敏，张迪．基于消费者感知的企业伦理行为与消费者响应分析 [J]，商业研究，2017（9）：40-46.

[87]Everett M.Rogers. Diffusion of Innovations. New York：The Free Press，1983.

[88]Mahajan V， Muller E， Bass F M. New product diffusion models in marketing： A review and directions for research[J].Journal of Marketing， 1991，54（1）：125-177.

[89] Metcalfe J S. Evolutionary Economics and Creative Destruction[M]. London：Routledge， 2002.

[90]Bass F M. A new product growth model for consumer durables[J]. Management Science， 1969，50（12）：215-227.

[91]Bayus B L. Forecasting sales of contingent products：An application to the compact disc market[J]. Journal of Product Innovation Management， 1987，4（4）：243-255.

[92]Norton J A， Bass F M. A diffusion theory model of adoption and substitution for successive generations of high-technology products[J]. Management Science，1987,33（9）：1069-1086.

[93]Mahajan V， Peterson R A. Integrating time and space in technological substitution models[J]. Technological Forccasting & Social Change， 1979，14（3）：231-241.

[94]Dodson J A， Muller E. Models of new product diffu-sion through advertising and word-of-mouth[J]. Management Science， 1978，24（15）：1568-1578.

[95]Simon H， Sebastian K. Diffusion and advertising：The German telephone campaign. Management Science， 1987，33（4）：451-466.

[96]Granovetter M. Threshold models of collective behavior[J]. American Journal of Sociology， 1978，83（6）：1420-1443.

[97]Jensen R. Innovation adoption and diffusion when there are competing innovations[J]. Journal of Economic Theory， 1983，29（1）：161-171.

[98] 蔡霞，宋哲，耿修林，史敏．社会网络环境下的创新扩散研究述评与展望 [J]. Science of Science and Management of S. & T，2017，38（4）：73-84.

[99] 孙冰，毛鸿影，康敏．创新扩散研究的演化路径和热点领域分析 [J]. Journal of Modern Information.2018，38（6）：144-156.

[100]Ferenc K， Gergely K， Janos F. Cellular automata for the spreading of technologies in socio-economic systems[J]. Physica A，（2007），383：660–670.

[101]Leonardo B， Gabriele T. Interaction in agent-based economics：A survey on the network approach[J]. Physica A 399（2014）1–15.

[102]Dandan L，Jing M. How the government's punishment and individual's sensitivity affect the rumor spreading in online social networks[J]. Physica A 469（2017）284–292.

[103]Helsen K，Jedidi K，Wayne S，etal. A New Approach to Country Segmentation Utilizing Multinational Diffusion Patterns[J]. Journal of Marketing，1993，57（4）：60-71.

[104]Popp D. Exploring Links Between Innovation and Diffusion：Adoption of NOX Control Technologies at US Coal-fired Power Plants[J].Environmental and Resource Economics，2010，45（3）：319-352.

[105] 武春友，戴大双，苏敬勤. 技术创新扩散 [M]. 北京：化学工业出版社，1997.

[106]Mansfield E. The Economic of Technology Change[M].New York：Norton and Company，1971.

[107]Geroski P A. Models of technology Diffusion[J]. Research Policy，2000，29(4-5)：603-625.

[108]Castellacci F，Natera J M. The Dynamics of National Innovation Systems：A Panel Cointegration Analysis of the CoEVolution Between Innovative Capability and Absorptive Capacity[J].Research Policy，2013，42（3）：579-594.

[109]Derwischa S，Morone P，Kopainsky B，etal. Investigating the Drivers of Innovation Diffusion in a Low Income CountryContext.TheCase of Adoption of Improved Maize Seed inMalawi[J].Futures，2016，81：161-175.

[110]NEWMAN ME J. The structure and function of complex networks[J].Siam rEView，2003，45（2）：167-256.

[111]Davies S. Diffusion of process innovations [M]. Cambridge：Cambridge university press，1979.

[112] 赵爱武，关洪军. 企业环境技术创新激励政策优化组合模拟与分析 [J]. 管理科学，2018，31（06）：108-120.

[113]Kiyota，Kozo，Okazaki，Tetsuji. Assessing the effects of Japanese industrial policy change during the 1960s[J]. Journal of the Japanese & International Economies，40：31-42.

[114]Chen Z，Poncet S，Xiong R . Inter-industry relatedness and industrial-policy efficiency：Evidence from China's Export Processing Zones[J]. Journal of Comparative Economics，2016，45：809-826.

[115]Sorenson，Olav. Innovation Policy in a Networked World[J]. Innovation Policy and the Economy，2018，18：53-77.

[116]Hausmann R，Rodrik D . Economic development as self-discovery[J]. Journal of

Development Economics，2003，72（2）：603-633.

[117] Acemoglu，Daron，Robinson，James A. Economics versus Politics：Pitfalls of Policy Advice[J]. Journal of Economic Perspectives，2013，27（2）：173-192.

[118]Harris，Richard，Keay，Ian，Lewis，Frank. Protecting infant industries：Canadian manufacturing and the national policy，1870–1913[J]. Explorations in Economic History，56：15-31.

[119]Falck O，Heblich S，Kipar S . Industrial innovation：Direct evidence from a cluster-oriented policy[J]. Regional Science and Urban Economics，2010，40（6）：574-582.

[120] 杨瑞龙，侯方宇 . 产业政策的有效性边界——基于不完全契约的视角 [J]. 管理世界，2019，35（10）：82-94+219-220.

[121] 王德鲁，张米尔，周敏 . 产业转型中转型企业技术能力研究评述 [J]. 管理科学学报，2006（6）：74-80.

[122] 吴家曦，李华燊 . 浙江省中小企业转型升级调查报告 [J]. 管理世界，2009（08）：1-59.

[123] 毛蕴诗，张伟涛，魏姝羽 . 企业转型升级：中国管理研究的前沿领域 [J]. 学术研究，2015（01）：72-82.

[124]Gereffi G.International Trade and Industrial Upgrading in the Apparel Commodity Chain"，Journal of Interna tional Economics，1999（48）：37-70.

[125]Poon. Beyond the Global Production Networks ：a Case of Further Upgrading of Taiwan's Information Technology Industry，International Journal of Technology and Globalisation，2004（01）：130-144.

[126] 毛蕴诗，吴瑶 . 企业升级路径与分析模式研究 [J]. 中山大学学报：社会科学版，2009（01）：178-186.

[127] 毛蕴诗，王婕郑，奇志 . 重构全球价值链：中国管理研究的前沿领域 [J]. 学术研究，2015（11）：85-93.

[128] 张杰，刘志彪，郑江淮 . 中国制造业企业创新活动的关键影响因素研究——基于江苏省制造业企业问卷的分析 [J]. 管理世界，2007（06）：64-74.

[129] 杨桂菊 . 代工企业转型升级：演进路径的理论模型——基于 3 家本土企业的案例研究 [J]. 管理世界，2010（6）：132-142.

[130] 王吉发，冯晋，李汉铃 . 企业转型的内涵研究 [J]. 统计与决策，2006（01）：153-157.

[131]Winter S G. The Satisficing Principle in Capability Learning[J].Strategic Management Journal，2000（21）：10-11：981-996.

[132]Gans J S，Stern S. The Product Market and the Market for "Ideas" [J]：

Commercialization Strategies for Technology Entrepreneurs, Research Policy. 2003, 32（2）: 333-350.

[133] 金碚 . 中国工业的转型升级 [J]. 中国工业经济，2011（7）：14-25.

[134] 锁箭，李先军，等 . 创新驱动：我国中小企业转型的理论逻辑及路径设计 [J]. 经济管理，2014（9）：55-66.

[135] 才国伟，邵志浩，等 . 组织管理结构、政府公共服务与民营企业转型升级 [J]. 财贸经济，2015（4）：46-59.

[136]Fang-Mei Tseng, Yu-Jing Chiu.Measuring Business Performance in the High – tech Manufacturing Industry: A Case Study of Taiwan ' s Large – sized TFI – LCD Panel Companles[J].Omega, 2009, 37（3）: 686-697.

[137] 杨屹，薛惠娟 . 产业技术自主创新能力的区域差异性研究 [J]. 中国工业经济，2011（11）：68-76.

[138] 陈红川 . 高新技术产业国际竞争力评价体系研究 [J]. 软科学，2008（8）：114–117.

[139]Chakrabarti A K. Analysis of Patents of US, Japan , UK, France West Germany and Canada Engineering Management[J]. Engineening Management IEEE Transactions on, 1991（2）: 78-84.

[140]Chung-Jen Chen, Hsueh-Liang Wu, Bou – Wen Lin. Evaluating the Development of High – tech Industries: Taiwan ' s Science Park[J]. Technological Forecasting and Social Change, 2006（4）: 452-465.

[141] 白俊红，江可申，李靖 . 中国地区研发创新的技术效率与技术进步 [J]. 科研管理，2010（6）：7-17.

[142] 李培哲，菅利荣，刘勇 . 基于 DEA 与 Malmquist 指数的区域高技术产业创新效率评价研究 [J]. 工业技术经济，2019（1）：27-34.

[143] 巫强，刘蓓 . 政府研发补贴方式对战略性新兴产业创新的影响机制研究 [J]. 产业经济研究，2014（6）：41 -49.

[144] 柳光强 . 税收优惠、财政补贴政策的激励效应分析——基于信息不对称理论视角的实证研究 [J]. 管理世界，2016（10）：62-71.

[145] 储德银，纪凡，杨珊 . 财政补贴、税收优惠与战略性新兴产业专利产出 [J]. 税务研究，2017（4）：99 -104.

[146] 李春好，刘玉国，李辉 . 一种含有定性因素权重置信域的 CKS-DEA 改进模型 [J]. 中国管理科学，2003（10）：33-37.

[147] 李光斗 . 让世界陶醉的东方味道——古越龙山·东方原酿上海市场全案策划纪实 [J]. 食品工业科技，2007（03）：20-22.

[148] 金敏 .EVA 绩效评价的运用——基于古越龙山的实证研究 [J]. 中国集体经济，

2015（28）：43-44.

[149] 刘一博，朱欣悦. 黄酒"一哥"提价 古越龙山急需突破地域限制 [J]. 中国食品，2016（09）：134-135.

[150] 古越龙山：行业复苏令人期待 [J]. 股市动态分析，2016（01）：49.

[151] 蒋德嵩. 小市场强者古越龙山 [J]. 新财经，2004（02）：70-71.

[152] 陈益锋，阿庚. 古越龙山：让黄酒的价值回归 [J]. 中国新时代，2006（11）：40-42.

[153] 马坤. 黄酒行业：消费培养区域突破任重道远 [J]. 股市动态分析，2014（19）：69.

[154] 傅祖康. 突破发展瓶颈打造黄酒系统标准 [J]. 酿酒，2008（04）：22-23.

[155] 李光斗. 数风流人物 品古越龙山——古越龙山全案策划记 [J]. 食品工业科技，2006（09）：16-18.

[156] 俞伟丽. 传统块状经济产业升级的 SWOT 分析——以浙江省诸暨市袜业为例 [J]. 经济研究导刊，2012，（31）：189-191.

[157] 李兵. 大唐袜业的产业集群 [J]. 企业改革与管理，2009（04）：34-36.

[158] 宋文杰. 镇域特色小镇瓶颈突破之路——以诸暨袜艺小镇为例 [N]. 小城镇建设，2016，3.

[159] 赵国强. 传统产业转型视域下打造特色小镇的探索：以诸暨市推进大唐镇创建袜艺小镇为例 [N]. 江南论坛，2016（10）.

[160] 鲁怡. 创新驱动打造"袜艺小镇" [N]. 中国经营报，2015-11-2（B11）.

[161] 钱巧鲜. 特色小镇体育生态建设研究——以浙江诸暨大唐袜艺小镇为例 [N]. 浙江体育科学，2016-5（38）.

[162] 李芳. 袜艺小镇引领集群发展 [N]. 纺织服装周刊，2016-02-15.

[163] 袜艺小镇：再亮"国际袜都"新航标 [N]. 浙江日报，2015-07-15（008）.

[164] 李芳. 新平台带来新供给袜艺小镇探索与实践再次受到关注 [N]. 纺织服装周刊，2016（09）.

[165] 王润涛. 浙江特色小镇建设实践及启示 [N]. 政策，2016-10.

[166] 柳卸林，段小华. 产业集群的内涵及其政策含义 [J]. 研究与发展管理，2003（06）：55-61.

[167] 周蔚. 我国沿海地区块状经济发展的制度经济学思考 [J]. 改革与战略，2006（10）：15-17.

[168] 孙国民，彭艳玲，宁泽逵. 块状经济中小企业转型升级研究——以浙江省为例 [J]. 中国科技论坛，2014（01）：128-133+160.

[169] 许益波，汪斌，杨琴. 产业转型升级视角下特色小镇培育与建设研究——以浙江上虞 e 游小镇为例 [J]. 经济师，2016（08）：90-92.

[170]Mitch Joel. 湿营销 [M]. 中国人民大学出版社，2010，5.

[171]Tom Hayes. 湿营销：最具颠覆性的营销革命 [M]. 机械工业出版社， 2010，4.

[172] 克雷·舍基. 未来是湿的 [M]. 中国人民大学出版社，2009.

[173] 徐大佑. 市场营销学 [M]. 东北财经大学出版社，2011，7.

[174] 龚赟. "湿"营销——网络营销的一匹黑马 [J]. 新闻知识，2012（06）：81-82+64.

[175] 陈莉. 帅康试水"湿营销"[J]. 电器，2011（01）：47.

[176] 宗文宙. O2O 模式下的手机"湿营销"[J]. 中国 - 东盟博览， 2012（06）：41-42.

[177] 李光斗. 湿营销：网络时代的传播秘笈 [J]. 经济，2010（08）：112-113.

[178] 魏建玲、查淑琦. 经典帅康 [M]. 中国工商联合出版社 .2013，1.

[179]CNNIC. 第 32 次中国互联网发展状况统计报告 [EB/OL].[2013-9-20].

[180]http：//www.cnnic.net.cn/.

[181] 帅康企业介绍 .[EB/OL].[2013-10-15].http：//www.sacon.cn/.

[182] 徐鹏，徐向艺. 人工智能时代企业管理变革的逻辑与分析框架 [J]，工商管理，2020（1）.122-130.

[183] 陈剑，黄朔，刘运辉. 从赋能到使能 [J]，管理世界，2020（2）.117-128.

[184] 彭羽. 关于我国自主创新的科技投入研究 [J]，经济论坛，2019（10）.39-42.

[185] 连燕玲，叶文平，刘依琳. 行业竞争期望与组织战略背离 [J]，管理世界，2019（8）.155-192.

[186] 周念华，余明阳，薛可. 物联网平台企业的商业模式研究 [J]，组织与战略，2018（4）.53-56.

[187] 高长春，孙汉明. 基于价值网的智能制造企业价值创造的理论分析 [J]，创新与创业，2020（3）.60-64.

[188] 肖敏. 基于 Apache Cordova 的跨平台智能家居终端应用研发 [D]. 华南理工大学，2015.

[189] 李丹妮. 控制链长度、终极控制人行为及其治理效果分析 [D]. 兰州大学，2016.

[190] 依琰. 大家电业绩分化明显 [N]. 中国商报，2020-9-8（5）.

[191] 陈伟民，王凡. 互联网经济下家电企业 [N].2020-9-8.

[192] 焦儒旺，曾三友，李晰，等. 基于学习的动态多目标方法求解约束优化问题 [J]. 武汉大学学报（理学版），2017，63（02）：177-183.

[193] 王军平. 基于物联网的服务提交关键技术与系统的研究 [D]. 东华大学，2013.

[194] 于寒冰. 基于 FAHP 的国际工程项目风险识别与评价研究 [D]. 山东大学，

2014.

[195] 任梦 . 基于复杂网络理论的网络组织风险传导研究 [D]. 山西财经大学，2016.

[196] 刘友丽 . 企业网络组织竞合关系研究 [D]. 大连海事大学，2013.

[197] 张路鹏 . 基于动态能力理论的新能源汽车国际竞争力研究 [D]. 天津财经大学，2019.

[198] 卢森堡 . 基于动态能力理论的 YC 科技公司战略转型研究 [D]. 浙江工商大学，2020.

[199] 华玲平 . 交易平台价值共创机理 [D]. 电子科技大学，2020.

[200] 熊丹丹 . 基于动态能力的物流企业战略转型研究 [D]. 云南财经大学，2012.

[201] 杨璐璐 . 基于 KMRW 声誉模型的农产品供应链合作机制 [J]. 中国流通经济，2019，33（08）：54-62.

[202] 陈涛 . 灰色多层次综合评价模型建立及应用 [J]. 大庆师范学院学报，2008（05）：79-81.

[203] 张玉明，朱艳丽，张馨月 . 制造业资源共享服务平台运行机制——基于淘工厂的案例研究 [J]. 中国科技论坛，2020（09）：59-71.

[204] 邵翊辰 . 弹性需求下铁路快运班列动态服务网络设计研究 [D]. 北京交通大学，2019.

[205] 杨珍 . 农业物联网动态服务的协同优化与调控策略 [D]. 东华大学，2018.

[206] 周丽君 . 中国企业转型的路径依赖与超越路径依赖 [D]. 上海大学，2015.

[207] 何红光，张玉军 . 基于生态位理论的中小企业转型升级能力评价模型 [J]. 企业经济，2013，32（05）：13-17.

[208] 孟凡生，赵刚 . 中国制造企业创新柔性与智能化转型关系的实证研究——基于商业模式创新和环境动态性的中介调节效应 [J]. 预测，2018，37（06）：1-8.

[209] 简兆权，刘念 . 动态能力构建机理与服务创新绩效——基于佛朗斯的服务平台转型研究 [J]. 科学学与科学技术管理，2019，40（12）：84-101.

[210] 刘廉如 . 动态服务资源分发网络的若干关键技术研究 [D]. 北京邮电大学，2012.

[211] 臧树伟，胡左浩 . 动态能力视角下的企业转型研究——从市场驱动到驱动市场 [J]. 科学学与科学技术管理，2017，38（12）：84-96.

[212] 刘婧 . 残疾人托养服务网络模式研究 [D]. 重庆大学，2012.

[213] 杨成延 . "数智化" 助力精益供应链构建与运营 [J]. 物流技术与应用，2019，24（11）：126-131.

[214] 万建红 . 遥控 e 族一体化智能家居管理平台商业计划书 [D]. 兰州大学，2015.

[215] 许莹莹 . 智能硬件创新创业平台模式分析——以硬蛋（IngDan）为例 [J]. 广东

科技，2017，26（08）：77-79.

[216] 王毅，范保群.新产品开发中的动态平台战略 [J].科研管理，2004（04）：97-103.

[217] 史焱文，李二玲，李小建，任世鑫.农业产业集群创新通道及溢出效应——以山东寿光蔬菜产业集群为例 [J].地理科学进展，2019，38（06）：861-871.

[218] 支帮东，陈俊霖，刘晓红.碳限额与交易机制下基于成本共担契约的两级供应链协调策略 [J].中国管理科学，2017，25（07）：48-56.

[219] 朱焕焕.新冠肺炎疫情下，生鲜电商能否嬗变——"危"与"机"[J].蔬菜，2020（04）：1-8.

[220] 虞嘉雯，姜启军.基于"共享经济"的生鲜电商终端配送问题应对策略探析 [J].保鲜与加工，2020（01）：200-205.

[221] 王可山，张丽彤，刘彦奇.生鲜电商配送成本影响因素及控制优化研究 [J].经济问题，2019（01）：108-115.

[222] 王艳.供应链视角下的前置仓研究 [J].物流技术与应用，2019（10）：188-190.

[223] 温振鑫，许学军.生鲜电商前置仓模式优劣势分析——以叮咚买菜为例 [J].经济研究导刊，2019（35）：107-108.

[224] 任慧媛.乱中有序，商业渠道剧变下的那些潜在机遇 [J].中外管理，2019（06）：93-95.

[225] 郭利.基于卖场扩张视角的零售卖场快消品经销商盈利模式分析 [J].商业经济研究，2018（15）：69-71.

[226] 吴勇毅.新零售决战点 店仓合一与前置微仓 [J].企业管理，2018（12）：84-86.

[227] 余鸿飞.电商物流末端配送模式研究 [J].物流工程与管理，2018（03）：93-94+69.

[228] 郑爱敏.生鲜电商物流最后一公里配送研究 [J].物流工程与管理.2017（04）：112-113.

[229] 喜崇彬，任芳.生鲜冷链物流的发展与创新 [J].物流技术与应用，2017（S2）：38.

[230] 喜崇彬.我国生鲜冷链物流的发展历程及趋势——访上海原可滋供应链管理公司总经理陈锐 [J].物流技术与应用，2017（S2）：39-41.

[231] 孙秀荣，王成林.生鲜农产品品控物流与技术发展研究 [J].物流技术，2017（09）：12-15.

[232] 范厚明，田也.谈生鲜农产品电商物流配送模式的改进 [J].商业经济研究，

2015（35）：36-38.

[233] 许兴奋 . 物流管理中存在的问题及应对策略分析 [J]. 中国外资，2013（09）：27-28.

[234] 余鸿飞 . 电商物流末端配送模式研究 [J]. 物流工程与管理，2018（03）：93-94+69.

[235] 曲宏博 . 生鲜农产品的"前置仓"配送模式研究 [D]. 郑州：河南农业大学，2019.

[236] 逯一辰 . 基于"前置仓"模式的生鲜电商配送系统优化研究 [D]. 武汉：武汉理工大学，2018.

[237] 王涛 . 连锁超市冷鲜肉供应链配送中心选址分析与配送策略优化 [D]. 济南：山东农业大学，2013.

[238] 李春莲 . 生鲜电商野蛮生长时代结束，头部企业活下去要拼内功 [N]. 证券日报，2020-01-09.

[239] 蒋艳俐，张颖娉，马广龙 . 基于地域 IP 元素的文旅融合型产品设计探究——以姑苏平江图为例 [J]. 大众文艺，2020（07）：82-83.

[240] 张佳琪 . 基于互联网 IP 的地域文化产业创新研究 [J]. 南方农机，2018，49（20）：143.

[241] 肖巍 . 湖北省博物馆文创 IP 设计研究 [J]. 艺术品鉴，2020（11）：221-222.

[242] 陈筱，蔺薛菲 . 锤史粹精——文创 IP 下的产品设计创新方法探究 [J]. 设计，2017（12）：126-127.

[243] 李新辅 . 试论中小企业商业 IP 培育与变现策略 [J]. 商场现代化，2019（08）：10-11.

[244] IP 战略之商品、品牌、营销 [J]. 中国眼镜科技杂志，2019（11）：16-17.

[245] 高越 . 成功 IP 的孵化之道: 定位准确 精心培育 轻度参与 回归内心 [J]. 影博影响，2017（04）：26-27.

[246] 曹权玺 . 文创产品 IP 设计方法应用研究 [J]. 商丘职业技术学院学报，2020，19（02）：67-70.

[247] 陈少峰，李源 . 文化产业领域 IP 孵化与艺术生产商业模式创新 [J]. 艺术百家，2017，33（04）：94-99.

[248] 王林生 . 文化 IP 是推动城市内涵式发展的重要动力 [J]. 中国国情国力，2018（11）：37-39.

[249] 赵婷 . 地域文化视角下博物馆文创产品的开发研究：以廊坊博物馆为例 [J]. 度假旅游，2019（04）：344.

[250] 温兴权 . 智慧博物馆——数字博物馆发展新趋势刍议 [J]. 大众文艺，2018（11）：

52-53.

[251] 王林清.地域文化视野下城市博物馆衍生品开发研究 [D].苏州大学，2016.

[252] 廖芳艺.基于文化 IP 下的校园文化创意产品设计研究 [D].东南大学，2018.

[253] 于丽娜，钟蕾.IP 时代下的文创旅游产品设计研究 [J].包装工程，2020，41(18)：306-312.

[254] 曾艳梅.江西红色文创产品 IP 营销模式研究 [J].中国经贸导刊(中)，2020(10)：83-85.

[255] 高星，邢颖.基于地域文化的 IP 活态转化路径研究 [J].轻纺工业与技术，2020，49（07）：131-133.